BREVE HISTORIA
DE LA JOTA ARAGONESA
EN EL BALLET

AF277402

BREVE HISTORIA

DE LA JOTA ARAGONESA

EN EL BALLET

GONZALO PRECIADO-AZANZA

CUADERNOS DE CULTURA ARAGONESA, 75

Breve historia de la jota aragonesa en el ballet

© Del texto, Gonzalo Preciado-Azanza, 2023

© De la presentación, Jesús Pedro Lorente, 2023

© De las ilustraciones, fotografías y archivos, las menciones indicadas

© De esta edición, Rolde de Estudios Aragoneses, 2023

Edita

    Rolde de Estudios Aragoneses

    http://www.roldedeestudiosaragoneses.org

Colaboran

    Gobierno de Aragón. Departamento de Educación, Cultura y Deporte

    Observatorio Aragonés de Arte en la Esfera Pública

    Unión Europea-Fondo Europeo de Desarrollo Regional

    Cátedra Gonzalo Borrás

    Cuerpo danzante: archivos, imaginarios y transculturalidades en la danza entre el Romanticismo y la Modernidad

    Ministerio de Ciencia e Innovación

    Agencia Estatal de Investigación

Concepto gráfico

    Paco Rallo

Maquetación

    Rafael López

Fotomecánica

    Ángel Duerto Riva

Imprenta

    INO Reproducciones

ISBN: 978-84-92582-47-1

Depósito Legal: Zaragoza-2030-2023

Este libro se ha realizado en el marco de una subvención del Gobierno de Aragón destinada a la contratación del personal investigador predoctoral (Convocatoria 2021-2025), el grupo de investigación de referencia Observatorio Aragonés de Arte en la Esfera Pública (OAAEP) financiado por el Gobierno de Aragón con fondos FEDER, así como del proyecto de I+D+I Cuerpo danzante: archivos, imaginarios y transculturalidades en la danza entre el Romanticismo y la Modernidad, ref. PID2021-122286NB-I00, financiado por MCIN/AEI/10.13039/501100011033/ «FEDER Una manera de hacer Europa».

DEL FOLK-LORE ESPAÑOL

CANCIONERO
ARAGONÉS

CANCIONES DE JOTA

ANTIGUAS Y POPULARES
EN ARAGÓN

AGRUPADAS POR ASUNTOS

Y NUMERADAS EN **A B C**

Tipografía "La Académica", Cinegio, 3

ZARAGOZA

Presentación

En el marco del vigésimo *aniversario* de la Convención para la Salvaguardia del *Patrimonio* Cultural *Inmaterial* y de la candidatura de la Jota para ser declarada por la Unesco *Patrimonio* Cultural *Inmaterial* de la Humanidad, desde Rolde de Estudios Aragoneses y el grupo de investigación Observatorio Aragonés de Arte en la Esfera Pública presentamos este libro, con el que queremos sumarnos a esas iniciativas para el reconocimiento público de un género musical que se canta y se baila por casi toda la geografía española, pero al cual siempre se le identifica especialmente con Aragón. También, para bien o para mal, se suele asociar casi exclusivamente el alma jotera con la cultura popular, cosa que no pasa con el flamenco, reverenciado por tantos intelectuales e institucionalmente consagrado con cátedras de flamencología. Nos queda mucho camino por recorrer hasta alcanzar un encumbramiento semejante, pero también entre los públicos más refinados del mundo se ha acogido con fervorosos aplausos la emoción contagiosa de las jotas. De ello da testimonio esta erudita revisión histórica sobre su influencia en el ballet, escrita por un aragonés cosmopolita, Gonzalo Preciado, quien ha sido en la Ópera de Riga bailarín del Ballet Nacional de Letonia, y es actualmente contratado predoctoral en el Departamento de Historia del Arte de la Universidad de Zaragoza, donde está realizando, gracias al apoyo financiero del Gobierno de Aragón, una espléndida investigación de la que nos ofrece un avance en estas páginas. Tengo el honor de ser su director de tesis, junto con Idoia Murga, y también el investigador principal del grupo OAAEP, junto con Anna Biedermann, así que en esta doble condición me veo en la tesitura de que Gonzalo me haya pedido, a mí que nunca he bailado bien ni sé mucho de jotas, escribir esta comprometida presentación.

Pero no se trata tanto de presentar al autor como de provocar el interés de sus potenciales lectores con unas oportunas reflexiones previas. Por eso he comenzado aludiendo al anhelado reconocimiento como patrimonio inmaterial por la UNESCO y la congruente apreciación por otras altas instancias de la alta cultura. Son consideraciones sociológicas a las que doy mucha importancia como adepto de la «patrimoniología crítica», según la cual todo patrimonio es inmaterial, pues tanto el patrimonio natural, como la cultura material o la inmaterial son acervos que heredamos —o no— en un proceso de construcción social de estimación pública liderada por reconocidos especialistas. Gonzalo lo es, y también otros colegas del grupo OAAEP, que preparan un importante congreso internacional para poner en valor la Jota, cada quien desde su respectivo campo del saber. Tanto mejor si ahora coinciden sus esfuerzos con las efemérides aludidas, que darán más resonancia a sus investigaciones. Por otro lado, las circunstancias de la actualidad también han marcado, no siempre para bien, una tesis doctoral que habríamos querido que culminase con una estancia de investigación en Rusia, país cuya historia artística sigue fascinando a Gonzalo, porque uno puede condenar la invasión de Ucrania por el régimen autocrático de Putin sin caer en el maniqueísmo de la cancelación cultural.

El patrimonio mundial es un bien común, por encima de fronteras e ideologías, y si he comenzado diciendo que la Jota está indisolublemente ligada a Aragón pero también a casi toda la geografía española, quiero acabar resaltando que, aunque la instrumentalizó el franquismo, también la difundieron por el mundo los exiliados republicanos, como bien nos cuenta Gonzalo Preciado, trazando un curioso paralelismo histórico con los hispanófilos ballets rusos en el exilio tras la revolución bolchevique, del mismo modo que la dictadura franquista y la soviética concurrieron en las exaltaciones de los coros y danzas populares. Entre medio el relato nos lleva a otros referentes interesantísimos como el teatro Mariinski, que van jalonando una intensa síntesis rebosante de datos e imágenes. Este pequeño libro es un talismán donde se combinan sabiamente esas u otras informaciones y reflexiones, ofreciéndonos una equilibrada panorámica global. Se inicia con el cuestionamiento de los estereotipos decimonónicos surgidos a partir de los Sitios de Zaragoza, terrible hito bélico que al menos nos deparó internacional protagonismo en el imaginario colectivo romántico; pero nos deja con buen sabor de boca el punto final escogido, cuando en 2019 el Auditorio de Zaragoza acogió un acto de hermanamiento con el sirtaki griego, la tarantela italiana, el joropo venezolano, el gaucho argentino, u otros bailes del mundo… Yo he aprendido y meditado mucho con su lectura y espero que ustedes la disfruten otro tanto.

Jesús Pedro Lorente
Catedrático de Historia del Arte
Universidad de Zaragoza.
IP del grupo de investigación
Observatorio Aragonés de Arte en la Esfera Pública.

A mi familia

Introducción

Cuando llegué a España me gustó mucho un programa de televisión que emitía las jotas de España, porque la jota aragonesa es la principal, de ella salen todas las demás jotas. Después de eso, yo no he visto ni un solo programa. Solo flamenco y flamenco, pero si no es danza española, es danza gitana. No es del pueblo, como la jota aragonesa. ¿Saben cómo acogen la jota en Rusia? De maravilla, porque es una danza que hace falta bailarla.

Gerardo DE VIANA, Danza en Escena, 2006

La jota aragonesa ha tenido un papel fundamental en la historia del ballet. Sin embargo, parece haber caído en el olvido. La imagen de España proyectada en el extranjero se ha focalizado en arquetipos andaluces o, al menos, eso es lo que nos han querido transmitir. La gran mayoría de las producciones y programas de temática hispana estrenados a lo largo de los siglos XIX y XX culminan con el baile aragonés. Por tanto, aunque existan jotas en muchas otras regiones españolas, la única que realmente ha tenido un impacto transcultural ha sido la aragonesa.

Los cuerpos danzantes de la jota simbolizan la identidad cultural de los aragoneses (ORTIZ-OSÉS, 1992) por medio de la rasmia, una palabra que define muy bien el empuje y la fogosidad de sus habitantes. Se trata de una danza que, desde el espacio público aragonés, ha conquistado los escenarios internacionales hasta convertirse en un lenguaje coreográfico cosmopolita. Pero, ¿cuándo comenzó esta fascinación? ¿Qué es lo que ha cautivado al público de otros países? ¿Por qué la jota aragonesa triunfó en Rusia?

Estos son solo algunos de los interrogantes que se responderán a lo largo de las páginas de este libro. En el marco de la candidatura de la jota como Patrimonio Cultural Inmaterial de la Humanidad (UNESCO), es necesario dar a conocer a la sociedad este patrimonio coreográfico intangible para comprender la repercusión que tuvo lo aragonés fuera de sus fronteras. La cuestión ahora es el relato que queramos transmitir. Probablemente, lo primero que nos vendría a la mente sería la figura del jotero vestido de baturro. Esta visión estereotipada presenta al aragonés como un personaje simpático, honesto y noble, pero pueblerino, al fin y al cabo. Así, se ridiculiza a Aragón relegándolo a la periferia. Esta imagen tan arraigada durante el siglo XX, y acrecentada por el franquismo, se ha mantenido hasta la actualidad. No obstante, esto no fue así en el siglo XIX. La impronta de los Sitios de Zaragoza cautivó a numerosos artistas y literatos extranjeros a través de la jota. Esta es la mirada que nos interesa transmitir en este volumen: la percepción foránea de la jota aragonesa.

Toda historia constituye el punto de vista de quién la escribe. La bibliografía es abundante respecto al origen y la historia de la jota (RIBERA y TARRAGÓ, 1928; LARREA, 1947; GALÁN BERGUA, 1966; CESTER ZAPATA, 1986; ZAPATER, 1988; SOLSONA, MELERO y RUBIO, 2008; BARREIRO, 2013; HERNÁNDEZ, 2022), además de su relación con el resto de las artes (RINCÓN GARCÍA, 1990, GARCÍA GUATAS, 1999; LORENTE LORENTE, 2008, 2009a; CASTÁN CHOCARRO, 2016; CARRERAS, 2018; BERNAL BERNAL, 2019; ANADÓN MAMÉS y SERRANO OSANZ, 2021; CASTRO BUENDÍA, 2023; JUBERÍAS GRACIA y ZAVALA, 2023). Sin embargo, todavía no se ha llevado a cabo ningún estudio que analice —como ya se ha realizado a nivel musical (VELA, 2022)— la relevancia que tuvo en el panorama coreográfico. De este modo, no se pretende analizar el origen de este baile ni las interpretaciones de los grupos locales, sino la influencia internacional que tuvo en el ballet.

Este libro pretende dar forma al amplio abanico de fuentes bibliográficas que se encuentran dispersas en la historiografía española, anglosajona, francesa, letona, rusa e italiana. Todas estas referencias aún

Gustave Doré. *La jota aragonesa.* 1874. Reproducido en Davillier (1874: 399).

no habían sido recopiladas y mucho menos analizadas críticamente. Esta propuesta actúa a modo de mapa introductorio para acercar al lector el conocimiento actual de esta historia que aún no se había contado —o había preferido no contarse—, como ha ocurrido con todos aquellos relatos divergentes de las corrientes historiográficas dominantes (AKINLEYE, 2022).

A lo largo de los cuatro capítulos en los que se divide este volumen, abordaremos la presencia de la jota aragonesa en el ballet romántico, el ballet clásico, el ballet moderno y finalmente en la compleja polarización que desencadenó la Guerra Fría. Estos apartados nos permiten analizar la jota en relación con la historia del ballet y los hechos históricos, artísticos y culturales más relevantes de cada momento. Pese a que esta es una historia focalizada en la influencia del baile aragonés en la danza clásica, en ciertos momentos también será necesario tratar su presencia en otros géneros dancísticos para llegar a comprender su verdadero impacto.

Este relato se inicia en París, capital de la cultura cosmopolita del largo siglo XIX (FIGES, 2020) y foco emisor de gran parte de los estereotipos hispanos. A continuación, nos centramos en la expansión de la jota aragonesa al resto de los centros del ballet romántico, principalmente Londres y Copenhague, para después dar el salto hasta el clasicismo imperante en San Petersburgo y Moscú. Aquí continuó el idilio de la jota en el ballet soviético durante todo el siglo XX. No obstante, su expansión internacional se consolidó a través de la diáspora del ballet ruso, iniciada con los Ballets Russes de Sergei Diaghilev y sus producciones coreográficas de arte total. El legado del empresario ruso se prolongó en el tiempo por medio de las diferentes compañías que heredaron y ampliaron su repertorio, lo que contribuyó al asentamiento del ballet sinfónico —rebautizado por la historiografía con el término de ballet neoclásico— en Nueva York. Finalmente, abordamos el papel que tuvo la danza aragonesa como herramienta propagandística en el contexto de la Guerra Fría. No hay que olvidar que la danza no es un arte tan efímero como se suele pensar. Los gestos proyectados por los intérpretes están cargados de significados e imaginarios que han sido transmitidos de generación en generación a lo largo de la historia (MURGA CASTRO, 2023).

Prácticamente todos los grandes bailarines y coreógrafos, de la talla de August Bournonville, Marius Petipa, Mijaíl Fokin, Léonide Massine o George Balanchine, incluyeron alguna jota aragonesa en su repertorio. Esto tan solo sería una historia sesgada. Tampoco podemos olvidar el rol que jugaron las mujeres coreógrafas, a menudo silenciadas. Así, nos ocupamos igualmente de las jotas que crearon y pusieron en escena Rosita Mauri, Marie-Thérèse Gamalery y Alexandra Fedorova-Fokine, entre otras.

Por último, este relato también presta atención a otros focos olvidados, como es el caso de Riga. Desde la periferia del continente europeo (BHABHA, 1994), la actual capital de Letonia y antigua metrópoli del Imperio ruso ha tenido una voz primordial en esta historia mediante las figuras de Nicholas Sergeyev, la propia Fedorova-Fokine y sobre todo Gerardo de Viana. Este niño de la guerra afincado en la Unión Soviética se valió de la danza aragonesa para afianzar la diagonal cultural que va desde Zaragoza hasta San Petersburgo, pasando por Riga y París.

Este libro no habría visto la luz sin el apoyo de la editorial Rolde de Estudios Aragoneses, la Cátedra Gonzalo Borrás y, especialmente, del grupo de investigación de referencia Observatorio Aragonés de Arte en la Esfera Pública y del proyecto de I+D+i *Cuerpo danzante: archivos, imaginarios y transculturalidades en la danza entre el Romanticismo y la Modernidad*, en los cuales tengo la fortuna de poder integrarme. El contenido aquí presentado ha sido posible gracias a la inestimable ayuda de los profesores Jesús Pedro Lorente e Idoia Murga Castro, directores de la tesis doctoral que estoy llevando a cabo en el Departamento de Historia del Arte de la Universidad de Zaragoza gracias a una subvención del Gobierno de Aragón destinada a la contratación del personal investigador predoctoral (Convocatoria 2021-2025). Tampoco puedo olvidarme de los valiosos consejos de mis compañeras y compañeros de grupo, proyecto y departamento. Todo este trabajo de investigación en instituciones nacionales e internacionales no habría sido posible sin las Ayudas a la Investigación y Transferencia de la Investigación IPH, el Programa Ibercaja-CAI de Estancias de Investigación y las Becas de movilidad Erasmus Formación+ del Campus Iberus, que me han brindado la oportunidad de realizar estancias de investigación en la Université Paris 1 Panthéon-Sorbonne, la Université Paris 8, la Universidad de Letonia y el Instituto de Historia (CSIC). Y, por último, lo más importante, mi agradecimiento a las personas que realmente hacen factible todas estas aventuras: el apoyo incondicional de mi familia.

Amédée Bodin. *Théophile Gautier*. Grabado a partir de un retrato de Chassériau. c. 1850.
© Bibliothèque nationale de France.

Origen y expansión en el ballet romántico

La jota aragonesa es un arranque de pasión feroz, semiselvática, altanera, como el pueblo a quien divierte y, sin embargo, es, quizás, el más casto, el más pudibundo de todos los bailes conocidos. Allí, la pareja no parece el instrumento del hombre sino la compañera de su regocijo, el paño de sus alegrías, que no siempre ha de ser el de sus lágrimas. En los otros bailes desempeña la muger una misión especial: la de provocar, la de excitar, la de enloquecer al hombre con sus quiebros, con sus sonrisas, con sus falsas retiradas, con sus infinitas moquerías; aquí la muger es un espejo, que retrata impasible las sensaciones de su compañero, que le estudia y le imita, que le sigue fiel y leal, pero no esclava ni sirena. ¿Le deberá la muger aragonesa este rasgo de su carácter y de su situación a la Virgen del Pilar? Todo es posible.

Con estas palabras, publicadas el 6 de marzo de 1859, la efímera revista ilustrada *El mundo pintoresco* ponía de manifiesto el interés que despertó la jota aragonesa a lo largo del siglo XIX. Como consecuencia del impacto que tuvieron los Sitios, se fue asentando en la prensa y la literatura de viajes un discurso ligado a la resiliencia de sus habitantes, que sería transformado en el tópico de la tozudez baturra con el cambio de siglo. Por mucho que en España se hayan empeñado en asociar la rasmia de la mujer aragonesa con la Virgen del Pilar, su origen se encuentra en la resistencia contra las tropas napoleónicas. Las mujeres lucharon cuerpo a cuerpo, algo que, sin duda, sorprendió e inspiró a los artistas y literatos extranjeros. Dos décadas antes, Théophile Gautier había comparado en el diario *La Presse* las similitudes que existían entre el baile aragonés y las danzas de las *devadasis* hindús (Leucci, 2022: 41). No cabe duda que la jota fue una de las grandes protagonistas entre las abundantes danzas de temática española, que inundaron los escenarios de París en las décadas de 1830 y 1840.

Gautier está considerado uno de los críticos más influyentes del ballet romántico, así como uno de los máximos referentes de la renovación de la estética artística entre el Romanticismo y el Realismo (LORENTE LORENTE, 2005). Gautier llegó a afirmar en *La Presse* que «los españoles siempre han sido y serán los mejores bailarines del mundo» (GUEST, 1986: 36). Pudo comprobarlo por sí mismo durante el extenso viaje que realizó por la península ibérica, nada más terminar la primera de las guerras carlistas. Todas sus andanzas quedarían recogidas en *Voyage en Espagne* (1843).

No olvidemos que España era uno de los destinos predilectos de los artistas y literatos románticos, que plasmaron sus impresiones en numerosos libros de viajes. La imagen que proyectaron el propio Gautier, Prosper Merimée, Washington Irving, Alejandro Dumas o Jean-Charles Davillier mostraba un país medio real y medio imaginado construido mediante una amalgama de estereotipos asociados, fundamentalmente, al pintoresquismo de los trajes, costumbres y personajes andaluces. Pese a que Aragón no fue uno de los destinos predilectos para estos viajeros, la jota sí que estaba muy presente en sus relatos. De hecho, Davillier (1874: 405-410) no solo la describió como la danza más representativa de esta región, sino que, además, también puso de manifiesto como la imagen de España se construyó a partir de arquetipos andaluces y aragoneses:

> Dicen que las andaluzas
> las mas salerosas son,
> mas en gracia las esceden
> las muchachas de Aragón
> Los que ensalzan la Cachucha
> de Cádiz y de Jerez,
> cierto es que bailar no vieron
> la jota una sola vez.

Louis-Édouard Fournier. *El último acto de Hernani*. Óleo sobre lienzo, 30 x 41,8 cm. 1903.
© Maison de Victor Hugo. Fotografía del autor.

Aragón tuvo un papel clave en el desarrollo del Romanticismo a través de la obra teatral *Hernani* (1830), adaptada posteriormente por Giuseppe Verdi en su ópera homónima. Victor Hugo ambientó este drama en la tumba de Carlomagno en Aquisgrán, el palacio de la Aljafería y los Pirineos. Su estreno en el teatro de la Comédie-Française estuvo rodeado de una gran polémica. El escritor y dramaturgo francés provocó una verdadera revolución al alejarse de las normas estéticas que imperaban en París. Esto provocó numerosos disturbios entre sus detractores y la nueva generación de los románticos. Entre ellos, Gautier se enorgullecía de haber luchado valientemente por el ideal, la poesía y la libertad del arte (GAUTIER, 1874: 99-108). Este enfrentamiento, conocido como la *Batalla de Hernani*, hizo correr ríos de

Paul-Albert Besnard. *La première d'Hernani, 1830*. Óleo sobre lienzo, 102 x 122 cm. 1903.
© Maison de Victor Hugo. Fotografía del autor.

tinta en la prensa y fue fundamental para el asentamiento del movimiento romántico en las artes escénicas.

En un momento en el que España estaba siendo redescubierta por la sociedad francesa —como atestigua el éxito de la *Galerie espagnole* que impulsó Luis Felipe de Orléans en el Louvre—, los bailarines españoles conquistaron los teatros de París. Entre 1834 y 1867, se llevaron a cabo más de treinta giras de una amplia nómina de intérpretes, entre los cuales figuraban Dolores Serral, Mariano Camprubí, Josefa Soto, Antonio Ruiz, Manuela Perea, *La nena* o Petra Cámara (JARRASSE, 2017: 931-937). La hispanomanía también había llegado a la danza (JESCHKE, VETTERMANN y HAITZINGER, 2009). Los cuerpos danzantes, especialmente de las bailarinas, encapsulaban la otredad que tanto fascinaba al público extranjero (GARAFOLA, 2005: 10). Sin embargo, conforme avanzaba el siglo XIX el descubrimiento de una España más acorde con la realidad decepcionó a Gautier. Se lamentaba que «los bailes españoles son como conchas de mar, que sólo se encuentran en las tiendas de curiosidades, pero nunca en la orilla» (GAUTIER, 1926: 113). Además, manifestó su descontento ante la actitud de los españoles hacia sus propios bailes, remarcando de qué manera tan solo los extranjeros y los canallas permanecían en sus asientos para admirar el bolero y la jota aragonesa en Madrid (GAUTIER, 1845: 123).

Este fervor hacia las danzas españolas queda patente en la obra de Édouard Manet (WILSON-BAREAU, 2003). El lienzo *Le ballet espagnol* (1862) parece haber plasmado la representación del ballet *La flor de Sevilla*, estrenado el 27 de abril de 1862 en el Théâtre imperial de l´Odeon. Lola de Valencia y Alemany se encuentran sentados delante de una mesa, mientras que Anita Montes y Camprubí, ataviado con un traje de torero, interpretan uno de los pasos de la coreografía. Aunque es muy probable que se trate de un bolero, las castañuelas de su tercera posición de brazos podrían indicar lo contrario. Parecen estar situadas en el dedo corazón, un aspecto característico de la jota aragonesa. En la margen izquierda, nos encontramos con un personaje inspirado en *El cantante español*, que había retratado

Édouard Manet. *Le ballet espagnol*. Óleo sobre lienzo, 60,1 x 90,5 cm. 1862.
© The Phillips Collection, Washington D.C. (adquirido en 1928).

Manet dos años antes. Por otro lado, las enigmáticas figuras del fondo presentan reminiscencias con los personajes de la estampa *Otra locura suya en la misma plaza* —protagonizada por el torero Martincho en Zaragoza—, perteneciente a la serie *Tauromaquia* de Goya. Su vestimenta incluye capa y sombrero de copa hemiesférica baja con grandes alas, dos elementos característicos de la indumentaria aragonesa (MANEROS, 2001).

Camprubí fue uno de los bailarines españoles más importantes del siglo XIX. Actuó por numerosos escenarios europeos con sus programas de bailes nacionales, que más adelante la historiografía bautizaría como escuela bolera. Esta rama de la danza española presenta notables influencias de la danza clásica. De ahí que sus intérpretes incorporen numerosos pasos y posiciones del ballet. Es bien sabido que estos programas estaban conformados, en buena medida, por los bailes andaluces que conquistaron los escenarios decimonónicos de París y Londres (PLAZA ORELLANA, 2005). Pero si profundizamos en el repertorio de Camprubí, observaremos que su actuación del 29 de octubre de 1834 en Holanda concluía con *La jota aragonesa*, interpretada junto a Serral, Francisco Font y Manuela Dubiñón. Cinco años más tarde, su hermano, Juan Camprubí, también bailaría esta jota en el parisino Théatre des Variétés durante el entreacto del vaudeville *Les Trois Bals*. Gautier no faltó a la cita y señaló en *La Presse* que esta danza está «excelentemente interpretada y posee un robusto carácter salvaje al que no le falta originalidad. Los insólitos trajes de los hombres, con sus vientres distendidos, anchas cinturas y enormes sombreros, contribuyen a realzar el efecto» (GUEST, 1987: 28). En 1851, la prensa anunciaría una nueva versión de esta jota ejecutada por parte de Rosa Espert y Joaquina Segura en este mismo teatro.

Tendríamos que preguntarnos si el éxito de todos estos programas de temática andaluza se debe a la rasmia de la jota aragonesa. Esta danza seguirá estando muy presente en los cuadros flamencos del siglo XIX y principios del XX —como retomaremos más adelante con los Ballets Russes de Diaghilev—. Ahora, tenemos que finalizar

DE KONINKLIJKE NEDERDUITSCHE TOONEELLISTEN VAN ZUID-HOLLAND.

ONDER DIRECTIE VAN HOEDT EN BINGLEY.

OP *WOENSDAG* DEN 29 *OCTOBER* 1834,

voor eene Derde Voorstelling in het Abonnement en eene Buitengewone met den Heer FONT, Eerste Danser van het Koninklijk Spaansch Tooneel te Madrid:

Las Boleras Robadas,

uitgevoerd door de Heeren FONT en CAMPRUVI en Mejufvrouwen DUBINON en SERRAL.

VOORAFGEGAAN VAN:

DE VERWARRING,

BLIJSPEL in *Vijf* Bedrijven, naar het Hoogduitsch van A. VON KOTZEBUE.

Vertooners in De Verwarring:

VAN LANGHALM, een Land-Edelman	de hr. Stoppendaal.	mejufvr. Lambota.
Mevrouw VAN LANGHALM	mejufvr. Winert.	de hr. Ruffa.
DORIS, hunne Dochter	mejufvr. Fink.	mejufvr. Houwer.
FRITS HUBLEBUSCH, hun Neef en Pupil	de hr. Hammacher.	de hr. Hartmann.
Majoor VAN LANGHALM	de hr. Van der Linden.	de hr. Lambotte.
BABET, zijne Dochter		mejufvr. Lambota.
SELICOUR		de hr. Ruffa.
Vrouw KRIEK, Huishoudster		mejufvr. Houwer.
LA FLEUR, Bediende van SELICOUR		de hr. Hartmann.
Een Nachtwacht		de hr. Lambotte.

NA HETZELVE:

DE KETELLAPPER VAN ST. FLOUR,

BLIJSPEL met Zang (Vaudeville), in *Een* Bedrijf, naar het Fransch, door M. G. ENGELMAN, waarin de Rol van de kleine *JAQUES* door de Jongejufvrouw BINGLEY zal worden uitgevoerd.

Vertooners in De Ketellapper van St. Flour:

LEONARD DUBAN	de hr. Ruffa.	mejufvr. Kok.
PIETER DUBAN	de hr. Houwer.	jongejufvr. J. Bingley.
Mevrouw DUBAN	mejufvr. Houwer.	de hr. Hammacher.
ANGELIKA		
JAQUES, een kleine Savoiaard		
JULIEN		

TOT SLOT:

LA JOTA ARAGONESA,

uitgevoerd door de Heeren FONT en CAMPRUVI en Mejufvr. DUBINON en SERRAL, in Spaansche Landkleeding.

Deze buitengewone Dans is met veel bijval door genoemde Dansers uitgevoerd op het Tooneel der groote Opera te Parijs.

NB. *De gewone Pauze zal na de Eerste Dans plaats hebben.*

DE PRIJZEN DER PLAATSEN ZIJN ALS NAAR GEWOONTE.

De aanvang ten zes ure.

Cartel de una representación de la jota aragonesa de Mariano Camprubí y Dolores Serral en Holanda. 1834. Dominio público.

este intercambio cultural entre Francia y España (MARTÍNEZ DEL FRESNO, 2011) con el programa que bailaron Camprubí y Serral del 8 al 12 de abril de 1843 en el Théatre des Variétés. *La Malagueña*, *La gitana* y *La rondalla de Zaragoza* conformaron «todo un gazpacho andaluz» (Steingress, 2004: 120), que cautivó a Gautier. Su reseña en *La Presse* resaltaba lo bien que se había llevado a cabo la puesta en escena de esta rondalla, que recibió un aplauso unánime (Guest, 1987: 42). Eso sí, el figurinismo de este último número incluía mantillas y abanicos, unos elementos muy pintorescos pero que no tienen nada que ver con Aragón. De hecho, incluso se llegaron a incluir canciones andaluzas. Los únicos versos que hacían alusión a Aragón, por medio de los Sitios, molestaron al crítico por la falta de educación que mostraron los españoles ante sus anfitriones al incluir la conocida estrofa:

La Virgen del Pilar dice
que no quiere ser francesa
que quiere ser capitana
de la tropa aragonesa.

Las danzas aragonesas en el repertorio de Fitzjames, Elssler y Cerrito

Todas estas giras constituyeron una fuente de inspiración de gran valor para el desarrollo del ballet romántico. Este período de la Historia de la Danza se inició con el *Ballet de las monjas* en la ópera *Robert Le Diable* de Giacomo Meyerbeer en 1831. Si bien es cierto que a finales de la década de 1840 este modelo ya estaba en franca decadencia, todavía se siguieron interpretando títulos como *Coppélia*, estrenado semanas antes de que estallase la guerra franco-prusiana en 1870. Estas coreografías reflejaban un mundo de contrastes entre lo pintoresco y lo sublime (Murga Castro, 2023: 120-128). Los avances técnicos en la superposición de decorados y la aparición de la luz de gas permitieron que se apagasen las luces del patio de butacas. De este modo, se consiguió un ambiente lúgubre protagonizado por seres fantasmagóricos femeninos encarnados en willis, sílfides o hadas, que parecía que flotaban sobre las tablas del escenario gracias a la zapatilla de punta. Además, gran parte de estos ballets se ambientaban en tierras lejanas y exóticas, como estaba considerada España por entonces.

VUE DE LA NOUVELLE SALLE DE L'OPÉRA
Prise de la rue de Provence.

Rousseau y Courvoisier. Vista exterior de la Salle Le Peletier, sede de la Ópera de París. 1821.
© Jerome Robbins Dance Division, The New York Public Library.

El ballet romántico se desarrolló fundamentalmente en la Salle Le Peletier, sede de la Ópera de París entre 1821 y 1873, el Her Majesty's Theatre de Londres y el Teatro Real de Dinamarca con sede en Copenhague. No obstante, la boyante actividad de los teatros del Príncipe, la Cruz o el Circo también situó a Madrid en primera línea internacional (HORMIGÓN, 2017) —prolongando así la tradición del ballet prerromántico en la capital española (STEPANOVA, 2015)— al atraer a bailarines y coreógrafos de renombre como Marie Guy-Stéphan, Sofia Fuoco y sobre todo Marius Petipa, cuyo destacado papel profundizaremos en el capítulo siguiente. A continuación, vamos a centrarnos en la presencia de Aragón y su danza, la jota, en el repertorio de las grandes protagonistas de esta época.

Thomas Hosmer Sheperd. Vista exterior de Her Majesty's Theatre. c. 1840.
© Billy Rose Theatre Division, The New York Public Library.

Podríamos considerar pionera a Nathalie Fitzjames. Sin ser una de las grandes estrellas románticas, esta bailarina francesa destacó por su interpretación en papeles secundarios como el paso a dos de los campesinos en el estreno absoluto de *Giselle* (1841). El 19 de abril de 1838, Fitzjames y Auguste Mabille interpretaron en París una jota aragonesa en el transcurso del ballet *El carnaval de Venecia* de Louis Milon. Esta pieza había sido coreografiada inicialmente en 1816 a partir de la música de Louis de Persuis y Rodolphe Kreutzer, mientras que los diseños corrieron a cargo de Pierre-Luc-Charles Cicéri y Louis Daguerre —artífice del daguerrotipo—. Gautier elogió el estilo de la bailarina y la autenticidad que le confería su traje pintoresco. Sin embargo, el crítico confundió esta jota con un bolero (GUEST, 1987: 33). Cabría plantearse las similitudes existentes entre ambas danzas para que Gautier, buen conocedor de las danzas españolas, llegase a intercambiarlas. La prensa francesa se hizo eco del éxito de este número. *Le Monde dramatique* señalaba el nervio y la

Mᵉˡˡᵉ Nathalie Fitz-James.

L. de Crescenzo y Wenzel. Retrato de la bailarina Nathalie Fitzjames. c. 1840.
© The Miriam and Ira D. Wallach Division of Art, Prints and Photographs, The New York Public Library.

vivacidad con la que Fitzjames bailaba la jota, desatando los aplausos del entendido público parisino (Tʜ.V., 1838: 248). Mientras que Spoelberch de Lovenjoul (1894: 19) hacía hincapié en cómo esta danza era una mera imitación de los *pas de caractère*, que había introducido con anterioridad Fanny Elssler.

El solo *Saragossa*, con el que Elssler triunfó en Londres, podría tratarse en realidad de una jota aragonesa. Esta bailarina austríaca es especialmente conocida por su interpretación de *La cachucha* en el ballet *El diablo cojuelo* (1836), una obra fundamental para la configuración de lo español en la danza (PLAZA ORELLANA, 2013). Aunque solemos asociar la imagen de España con estereotipos andaluces cercanos al flamenco (STEINGRESS, 2006; MOLINS Y ROMERO, 2008; GOLDBERG, BENNAHUM y HEFFNER HAYES, 2015), existen otros muchos elementos relacionados con Aragón. Podemos apreciar esto claramente en el repertorio que se interpretó en los escenarios estadounidenses. La popularidad de los bailes de temática hispana incluía las piezas *L'aragonaise* (1846-1847), *La jota aragonesa* (1851-1854), además de otras danzas conectadas a *Zaragoza* (1852, 1855, 1858) (BROOKS, 2022: 245). Parece factible que el origen de todo este imaginario se encuentre en *Saragossa*.

Saragossa fue interpretado por Elssler ocho veces en Her Majesty's Theatre entre abril de 1843 y julio de 1844. Se integró con asiduidad en el divertimento *Un bal sous Louis Quatorze*, coreografiado por Jules Perrot a partir de la música de J. B. Nadaud (PRECIADO-AZANZA, 2022a). El semanario ilustrado *L'Artiste* señalaba como la bailarina ejecutó esta danza con «una furia que ningún virtuoso de la pluma podría transmitir» (BARTOLO, 1844: 206). Es preciso remarcar la actuación del 6 de julio de 1844, que congregó a lo más granado de la sociedad británica encabezada por la reina Victoria. *New Court Cazette* apuntaba días más tarde que:

> La facilidad de movimiento que posee y despliega esta consumada bailarina, su perfecto dominio de los movimientos más difíciles, su conocimiento del carácter de la danza —mezcla de orgullo y coquetería— la convierten en una de las representaciones más perfectas del género que recordamos haber visto.

The Illustrated London News llegó a publicar una imagen de *Saragossa* acompañada de unos versos, que ensalzaban su belleza y la comparaban con una de *Las tres Gracias* o las nueve musas de la mitología griega. Por otra parte, contamos con una litografía coloreada de

MDLLE. FANNY ELSSLER DANCING "THE SARAGOSSA."

Fanny Elssler interpretando *Saragossa*. 1844
(*The Illustrated London News*, 23 de julio de 1844).

G. Croker, que muestra a Elssler con el mismo vestuario. A nivel visual, encontramos referencias de la indumentaria aragonesa. La bailarina porta un tutú romántico con la característica forma acampanada de la saya. En el plano coreográfico, destacan la tercera y cuarta posición de brazos, respectivamente. Este gesto, que presenta notables similitudes con la conocida imagen de Elssler interpretando *La cachucha*, también recuerda al movimiento de brazos de los bailadores al ejecutar los vistosos punteados de punta y talón de la jota aragonesa. Sin embargo, aquí los intérpretes suelen llevar las castañuelas en el dedo corazón, mientras que Elssler las porta en el índice. Por tanto, de momento, no podemos corroborar que exista una influencia de la jota en el solo *Saragossa*.

Por último, Fanny Cerrito y Arthur Saint-Léon bailaron en este mismo escenario una pieza titulada *La Manola*, que la historiografía ha catalogado como una danza aragonesa (Guest, 1956: 81). Apenas disponemos de datos acerca de esta coreografía que fue interpretada en el transcurso del ballet *Ondine* el 8 de junio de 1844, representado a petición del zar Nicolás I para una velada a la que asistieron la reina Victoria, el príncipe Alberto y el rey de Sajonia. Tan solo sabemos que *La Manola* se había estrenado dos días antes en la capital británica.

La historiografía se ha focalizado únicamente en la faceta interpretativa de la bailarina, dejando la creación en manos del todopoderoso coreógrafo. Sin embargo, si analizásemos con detalle todas estas piezas, la bailarina solía ser quien elegía el virtuosismo de sus solos. Por tanto, el proceso coreográfico se trataba de un proceso compartido. Si hiciésemos una relectura de todas estas danzas de temática aragonesa, la autoría debería estar compartida con sus intérpretes: Fitzjames, Elssler y Cerrito. Asimismo, también hubo otros grandes coreógrafos del ballet romántico que introdujeron el baile aragonés.

August Bournonville y las danzas periféricas mediterráneas

Hasta ahora, nos hemos centrado en coreografías de pequeño formato, en su mayoría solos, dúos o divertimentos que solían

OPERA SKETCHES.
Nº I.

FANNY ELSLER.   LA SARAGOZA.

G. CROKER AND 199, STRAND.

G. Croker. Litografía de Fanny Elssler interpretando *Saragossa*. c. 1844.
© Jerome Robbins Dance Division, The New York Public Library.

François Simonau. Retrato de la bailarina Fanny Cerrito. 1845.
© Jerome Robbins Dance Division, The New York Public Library.

August Bournonville.

S. Triers Forlag. Retrato del bailarín y coreógrafo August Bournonville. c. 1840-1850.
© Jerome Robbins Dance Division, The New York Public Library.

interpretarse en los intermedios de las óperas. No olvidemos que es, precisamente, en esta época cuando la danza se termina de independizar de la ópera. Aquí surgen éxitos tan notorios como *La sílfide* (1832), el primer ballet romántico completo. Esta coreografía en dos actos, ambientada en Escocia, se estrenó en París de la mano de Filippo Taglioni y fue protagonizada por su hija Marie Taglioni, que asentó la imagen etérea de la bailarina romántica. Cuatro años después, el bailarín y coreógrafo danés August Bournonville realizó su propia versión para Lucile Grahn en Copenhague. Bournonville llevó a cabo un trabajo coreográfico de tal calibre que no solo convirtió a esta localidad en una de las capitales del ballet romántico, sino que, además, creó un estilo que todavía perdura (Matamoros Ocaña, 2008). Nos interesa especialmente su figura por la fascinación que sentía hacia las danzas españolas, incluida la jota.

Tras la gira que llevaron a cabo Camprubí y Serral en el Teatro Real de Dinamarca, Bournonville quedó maravillado. En junio de 1840, interpretaron un programa que incluía el *Jaleo de Jerez*, las *Manchegas de la Pía*, *La Jota Aragonesa* y *El Bolero*, en donde incluso le invitaron a bailar con ellos este último número (Bournonville, [1848] 1979: 84). El 27 de noviembre de ese mismo año, estrenó su coreografía de temática hispana *El toreador*. Este ballet narra las aventuras de Céleste, una bailarina de la Ópera de París, junto a dos turistas ingleses que se encuentran en un pequeño pueblo a las afueras de Madrid. Aquí interactúan con Alonzo, un diestro vestido de majo y guitarra en mano. En 1929 tuvo lugar la última actuación, tras más de doscientas cincuenta representaciones (Jürgensen, 1987: 36), una cifra nada desdeñable que pone de manifiesto el notable éxito que tuvo *El toreador*. Sabemos que se interpretaba una jota en este ballet. Sin embargo, no podemos corroborar que sea obra de Bournonville, ya que de las tres danzas que incluyó, tan solo menciona dos en sus memorias: el jaleo y el bolero. Además, Elna Jørgen-Jensen y Harald Lander añadieron otras cinco más para esta puesta en escena.

Alonzo (Harald Scharff) en el ballet *El toreador*. 1864.
Reproducido en Jürgensen (1987: 38).
Internet Archive.

Su idilio no termina aquí. La danza española pasó a formar parte del programa de estudios de la escuela danesa y en 1856 Bournonville coreografió otro ballet inspirado en este imaginario: el divertimento *La ventana*, que con sus más de trescientas ochenta actuaciones hasta finales del siglo XX es una de sus obras más representadas (JÜRGENSEN, 1987: 90). Pese a que no tenemos constancia que incluyese una jota en *La ventana*, las filmaciones de la BBC que se conservan de la seguidilla final incluyen un movimiento que parece inspirado en la danza aragonesa. El coreógrafo danés se valió del paso de cuna. Este balanceo constante entre ambos pies tiene similitudes con otros bailes escoceses y el hornpipe, por lo que podría presentar un origen céltico (VETTUCI y GOYA, 1993: 65).

En esta misma línea, es preciso comentar un ballet que, a priori, no tiene nada que ver con la temática que estamos abordando. Nos referimos a *Napoli* (1842), una pieza ambientada en un pueblo del sur de Italia que finaliza con una tarantela. Es bien sabido que este baile comparte raíces con la jota (SCHNEIDER, [1948] 2016). Ambas son danzas medicinales y están muy relacionadas con el tarantismo (ADAMO, 2021; CID, [1787] 2018). Tanto en Aragón como en la Italia meridional, siempre le solía picar a alguien una tarántula cuando llegaba la época de la cosecha. En ese momento, se llamaba a los músicos que venían a casa del atarantado y empezaban a tocar. El enfermo comenzaba a bailar sin descanso hasta que, finalmente, se curaba. Carlos Saura supo simbolizar toda esta tradición en el pasaje *La tarántula* de su película musical *Jota de Saura* (2016). Si nos parásemos a reflexionar, esto no debería sorprendernos, ya que el reino de Nápoles había sido conquistado por la Corona de Aragón en 1442. Este diálogo cultural mediterráneo quedó plasmado a nivel coreográfico (NOCILLI, 2011). Bournonville parece haber reflejado esta influencia en *Napoli* por medio de los punteados de punta y tacón que interpretan Gennaro y Teresina bajo la atenta mirada de sus paisanos napolitanos.

Por último, tampoco podemos obviar el impacto que estaba empezando a adquirir la jota aragonesa en el Báltico. Camprubí y

Serral no solo bailaron en Copenhague, sino también en Estocolmo. En septiembre de 1840, bailaron un extenso programa de danzas españolas, que incluía el *Zapateado*, la *Malagueña*, *El Bolero* y *La Jota Aragonesa* (GRUT, 2007: 580-581). Este último baile dejaría una huella muy importante en el ballet sueco de la segunda mitad del siglo XIX. Su repertorio incluía las miniaturas *La Jota aragonese* interpretada por Lydia Thompson el 23 de noviembre de 1857; *La Jota Aragonaise* bailada por Thedore y Lundh en el ballet cómico *En Karnevalsdag* de Théodore Martin, que se mantuvo en escena entre 1863 y 1869; así como los números *La Jota Aragonese* y *L'Aragonaise* integrados en el programa *Dansdivertissement* del propio Martin, interpretado desde el 22 de enero de 1866 al 14 de marzo de 1872 (Grut, 2007: 594-604). No cabe duda que la rasmia había llegado al Báltico para quedarse. Más adelante, analizaremos su extensa presencia en Riga y San Petersburgo.

La influencia de los Sitios de Zaragoza en el ballet

Finalizamos este capítulo con el aspecto que, sin lugar a dudas, suscitó mayor atención entre los bailarines y coreógrafos románticos: los Sitios de Zaragoza. La férrea resistencia contra la todopoderosa *Grand Armée* tuvo un papel esencial en la construcción de la imagen de Aragón a lo largo de todo el siglo XIX (LORENTE LORENTE, 2009b; RINCÓN GARCÍA, 2009; GARCÍA GUATAS, 1999). Las numerosas representaciones artísticas a nivel internacional atestiguan su impacto. Más allá de que Zaragoza protagonizase uno de los *Episodios Nacionales* de Benito Pérez Galdós en 1873, el británico Lord Byron dedicó un poema a Agustina en *Peregrinación de Childe Harold* (1812-1818), mientras que el francés Victor Hugo y el ruso Leo Tolstoi incluyeron esta gesta en *Los miserables* (1862) y *Guerra y Paz* (1867). Goya abrió la veda en las artes plásticas con sus grabados de la serie *Los desastres de la guerra* (1810-1815), que, probablemente, inspirarían al británico David Wilkie y el polaco January Suchodolsky, autores de los lienzos *La doncella de Zaragoza* (1827) y *Asalto en Zaragoza*

(1845), respectivamente. En las artes escénicas, la Zaragoza mitificada fue una temática muy recurrente en las zarzuelas inspiradas por la guerra de la Independencia (NADAL ROSALES, 2017: 266-309). Por otra parte, los compositores extranjeros, fascinados por la jota, plasmaron la valentía de los aragoneses en sus obras. El estadounidense Louis Gottschalk compuso *El sitio de Zaragoza* (1851), una importante fantasía de más de trescientas páginas que desafortunadamente se ha perdido (VELA, 2022: 74). Por tanto, no es de extrañar que la danza también siguiera esta estela.

The Weekly Chronicle señalaba el 11 de julio de 1844 como Elssler «bailó la *Saragossa* mejor que nadie en el mundo, excepto, quizás, Lola Montes». Este rotativo hacía referencia a esta extravagante bailarina que, pese a ser irlandesa de nacimiento, se hizo pasar por sevillana para triunfar en los escenarios de medio mundo con sus danzas de temática hispana. Las dudas que existían acerca de sus inciertos orígenes causaron un gran revuelo en la prensa, que se interesaba de igual modo por sus relaciones amorosas con el rey Luis I de Baviera. Si nos fijamos en el repertorio de Montes, observaremos que desde 1843 figura una danza denominada *La Saragossa*, que incluyó en sus giras junto a los números *Cachucha, La Sevilliana* y *Los Boleros de Cádiz* (JESCHKE, 2012: 35).

Entre 1851 y 1853, Montes llevó a cabo una extensa gira estadounidense, que incluía *Maritana*. Este melodrama también se denominaba *Maid of Saragossa*, el apelativo anglosajón para Agustina. Aquí interpreta a una joven zaragozana que se infiltra en el campamento enemigo, se disfraza de gitana e incluso se llega a vestir con los ropajes de su amado Alfonso para luchar en el frente —como hizo Agustina— durante el asedio de las tropas napoleónicas en Zaragoza. Sin embargo, al final Alfonso acude a salvarla y encima se lleva el crédito de todas estas hazañas (GOTCHER, 1994: 204-205; SEYMOUR, 1996: 297).

No es la primera vez que nos encontramos con una coreografía titulada *Maritana*. En 1847, Bournonville creó un divertimento homónimo del que tan solo sabemos que retrata una escena de

Retrato de la bailarina y actriz
Lola Montes. c. 1840-1850.
© The Miriam and Ira D. Wallach Division
of Art, Prints and Photographs,
The New York Public Library.

Porträt der Lola Montez

carnaval a partir de la música *Champagne Galop* de Hans Christian
Lumbye (Bournonville, [1848] 1979: 173). Todavía no disponemos
de datos suficientes para afirmar que Copenhague se hubiera conta-
giado del impacto de los Sitios, pero podemos corroborar su notable
repercusión en Londres, Estados Unidos y sobre todo en París. El 5
de diciembre de 1841, el Théâtre de la Porte-Saint-Martin acogió
el debut de *Les Aragonais*, un divertimento del bailarín y coreógrafo francés Étienne-Hughes Laurençon. Aunque apenas se realizaron
tres actuaciones (Guest, 1980: 451), esta pieza reflejaba el impacto
que tuvo este episodio de las guerras napoleónicas en la sociedad
francesa —al mismo tiempo que los franceses habían hecho mella
en la identidad española (Mera, 2011)—, como ya rezaba el Arco del
Triunfo de París desde 1836.

En este contexto, se estrenó *Paquita*, uno de los títulos más
relevantes de la Historia de la Danza que todavía se sigue repre-
sentando. Joseph Mazilier estrenó esta coreografía con música de

EUROPE FAREWELL!

G !

ERICA I COME.

Caricatura
de la llegada
de Lola Montes
a Estados
Unidos. 1851.
© Jerome
Robbins Dance
Division,
The New York
Public Library.

Édouard Deldevez el 1 de abril de 1846 en la Salle Le Peletier.[1] El 6 de abril, Gautier resaltaba en *La Presse* lo pintoresco que resultaba el primer acto, ambientado en el valle de los toros a las afueras de la Zaragoza ocupada por las tropas francesas. La joven gitana Paquita (Carlotta Grisi) se enamora del oficial napoleónico Lucien d´Hervilly (Lucien Petipa). Sin embargo, el líder de los gitanos, Iñigo (Élie), desaprueba esta unión y trama una conspiración junto al gobernador de la provincia, Don López de Mendoza (Coralli), para asesinar al militar francés. Si bien es cierto que el libreto de Paul Foucher y Joseph Mazilier es algo más enrevesado, existe un hilo conductor bastante claro entre *Saragossa*, *Maritana* y *Paquita*. Por tanto, cabría plantearse si todas estas coreografías estarían reinterpretando el coraje con el que la valentía y la férrea defensa de un pueblo, incluidas sus mujeres, defendieron la capital aragonesa frente al invasor. Además, *Paquita* también se denominó *Empire*. Este dato cobra gran interés si nos percatamos que se estrenó apenas dos años antes de que Napoleón III fuese investido presidente de la Segunda República francesa, para instaurar después el Segundo Imperio en 1852 (Preciado-Azanza, 2023b: 173). De este modo, al ensalzar la victoria patriótica francesa, este ballet pudo haber jugado un papel relevante en el uso del imaginario de los Sitios como herramienta propagandística.

Las nueve litografías realizadas por Alexandre Lacauchie, incluidas en la *Galerie dramatique: costumes des théâtres de Paris*, nos permiten conocer los figurines que diseñaron Paul Lormier y Henri d´Orschwiller. Podemos apreciar el vestuario del segundo acto de Paquita, que porta un tutú con reminiscencias del traje de Elssler. Mientras que Lucien d´Hervilly está vestido con un elegante uniforme húsar compuesto por botines, pantalones, dolmán y la característica pelliza de este oficial napoleónico. Merece la pena resaltar la indumentaria de Iñigo. Sabemos que se trata de un gitano. Aún así, su traje se asemeja bastante

1   Desde la sociología, el profesor Enrique Gastón dedicó muchos años a investigar este ballet (Gastón Faci *et al*, 2022).

[Théâtre de l'Opéra. — *Paquita*, ballet-pantomime; deuxième acte. —Jarigo, M. Élie; —Saint-Vallier, M. Petī a ; — Paquita, mademoiselle C. Gras.]

H. Valentin. Litografía del segundo acto del ballet *Paquita*. 1846. **45**
© Bibliothèque nationale de France.

al de los bandoleros que poblaban los senderos montañosos de los Pirineos. Su atuendo incluye calzones, pañuelo, manta, trabucos y un sombrero de copa alta troncocónica, frecuente entre los zaragozanos de la época de los Sitios, al cual Lacauchie ha añadido dos madroños del sombrero *de rodina* oscense. De hecho, si percibimos las similitudes que presenta con las litografías *Un Contrebandier espagnol* (1834) de Gavarni y *Contrebandiers Aragonais* (1855) de Alfred Dartiguenave, parece obvio que nos encontramos ante un contrabandista aragonés (Preciado-Azanza, 2023b: 178). Esta figura estuvo presente con cierta asiduidad en el arte francés del siglo XIX, como atestiguan las obras de Alphonse Leleux y William Turner Dannat (Boone y Lorente Lorente, 1999: 50).

A nivel coreográfico, la versión original de Mazilier se ha entrelazado con las puestas en escena posteriores de Marius Petipa

Alexandre Lacauchie. Paquita (Carlota Grisi) y Lucien d'Hervilly
(Lucien Petipa) en el ballet *Paquita*. 1846.
© Bibliothèque nationale de France.

Imp. J. Rigo et Cie.

263.

Alexandre Lacauchie. Élie en el rol de Iñigo
en el ballet *Paquita*. 1846.
© Bibliothèque nationale de France.

(FULLINGTON, 2020). No olvidemos que la danza es un arte en el que las obras se encuentran en continua evolución. Cada producción constituye una nueva capa en la memoria de la obra (LAUNAY, 2019), que se transmite en el tiempo a través de los gestos recopilados en los archivos corporales (LEPECKI, 2010). De este modo, podemos analizar la coreografía como si fuese un texto (FRANKO, 1993). Cada movimiento es una palabra cargada de significados, imaginarios e ideologías que desentrañar. A lo largo del siglo XIX, *Paquita* se expandió por las principales capitales europeas, representándose en San Petersburgo, Budapest, Nápoles, Moscú, Múnich, Hamburgo y Milán. Por tanto, las cuarenta actuaciones que tuvieron lugar en París entre 1846 y 1851 (GUEST: 1980: 268) apenas representan la punta del iceberg de todas las veces que se ha bailado este ballet en el panorama internacional. Desconocemos si Mazilier incluyó pasos de jota. Lo que si podemos afirmar es que Petipa se valió de numerosos movimientos de este baile estilizados en el *grand pas classique*, como apreciamos en filmaciones recientes (KOCH y ULLMANN, 2014).

Por último, concluimos este diálogo cultural entre Aragón y Francia (AYMES, 1986), haciendo hincapié en el impacto que tuvo la jota aragonesa más allá de los escenarios. Esta danza se integró en los bailes de máscaras que se celebraban en París —mientras en Zaragoza la ocupación francesa había supuesto un punto de inflexión para este tipo de espectáculos (TURMO MORENO, 2022)—. A principios de 1839, tres parejas de bailarines españoles amenizaron uno de estos bailes al interpretar la cachucha, el fandango, el zapateado y la jota en la Salle Le Peletier. Gautier remarcaba en *La Presse* el atuendo que portaban dos de las intérpretes «a la moda de las campesinas aragonesas, iban vestidas con faldas de paño quizá demasiado rústicas sencillas y corpiños anaranjados, trenzas y cintas» (GUEST, 1987: 26). Todas estas características parecen apuntar a la litografía *Aragonaise* de Victor Sopel, cuya vestimenta también incluye una falda con forma acampanada, a modo de saya, cubierta por un delantal. Esta estampa de la serie *Bals de l'Opéra et de la*

Renaissance ya es conocida por el público zaragozano desde que se expuso en la muestra *Color en Movimiento* (2001).[2]

Victor Sopel.
Litografía *Aragonaise*
para la serie
*Bals de l'Opéra
et de la Renaissance*
c. 1835-1840.
© Colección Enrique Gastón,
Zaragoza (cortesía).
Fotografía del autor.

2   Agradezco al doctor Diego Gastón su amabilidad
     por proporcionarme los datos de esta exposición
     comisariada por Verónica Almena
     y la doctora Marta Cebollada.

El incendio de la Salle Le Peletier, sede de la Ópera de París. 1873
(*The Illustrated London News*, 8 de noviembre de 1873).
© Bibliothèque nationale de France.

Consagración en el ballet clásico

Todo período llega inevitablemente a su fin. A finales de la década de 1840, el ballet romántico comenzó su declive. Las producciones coreográficas se focalizaron únicamente en la espectacularidad de los efectos especiales, en consonancia con las fastuosas escenografías que habían propiciado el éxito de la *grand opéra* en París. Podemos apreciar un claro ejemplo con *El corsario* (1856), un ballet inspirado en un poema de Lord Byron cuyo principal atractivo residía en el naufragio final. Estos efectos llegaron a ser peligrosos para los intérpretes hasta tal punto que le costaron la vida a la bailarina Emma Livry. El 15 de noviembre de 1862, mientras ensayaba las danzas del rol de Fenella en la ópera *La muette de Portici* (Guest, 2001: 116), su vestido se inflamó provocándole serias quemaduras. Meses después, terminó muriendo de septicemia con apenas veinte años. Además, la Salle Le Peletier sufrió un catastrófico incendio la noche del 29 de octubre de 1873, que terminó destruyendo el teatro. Esto provocó que la Ópera de París tuviese que buscar una nueva sede, acelerándose los plazos para que se terminase de construir el Palais Garnier. Sin embargo, aquí no fue donde se desarrolló fundamentalmente el ballet clásico.[3]

3   El término ballet clásico también se denomina ballet académico. No obstante, la historiografía anglosajona, liderada por la *International Encyclopedia of Dance* (Cohen, 1998), utiliza con mayor frecuencia el primero de ellos. Este clasicismo que, en otras disciplinas artísticas tiene lugar con anterioridad al período romántico, en la danza eclosionó en el último tercio del siglo XIX.

Tras el apogeo del ballet romántico, París dejó de ser la capital de la danza en favor de San Petersburgo, donde triunfó el ballet clásico gracias al mecenazgo de los zares (MEISNER, 2019). Esto no debería extrañarnos si tenemos en cuenta que la ciudad báltica ya estaba presente en los circuitos de las bailarinas románticas (ROSLAVLEVA, 1966). De hecho, Taglioni protagonizó en esta ciudad *La Gitana* (1838), un ballet de temática hispana coreografiado por su padre, cuyo argumento se desarrollaba en Nizhni Nóvgorod, Medinaceli y los Pirineos (FOURCASSIÉ, 1990: 273). Su interés por este imaginario no finaliza aquí. En el ballet *Herta, ou la Reine des elfrides*, Taglioni interpretó el papel de la malvada hechicera Herta que, por medio de una danza aragonesa ejecutada con castañuelas, encandila al protagonista con un baile seductor que le hace olvidar a su prometida (FEDORCHENKO, 2022: 260).

Todo parece indicar que nos encontramos ante una jota, lo que nos permitiría situar a esta danza en el repertorio de prácticamente todas las estrellas románticas: Elssler, Cerrito, Grisi y Taglioni. Desconocemos la fecha en la que se realizó el estreno absoluto de *Herta*. Aún así, sabemos que el 11 de noviembre de 1842, Elena Andreyanova interpretó por primera vez la danza aragonesa de este ballet. Por otra parte, esta bailarina rusa incluyó jotas aragonesas en los divertimentos que realizó en óperas, ballets y recitales (FEDORCHENKO, 2022: 261). Asimismo, en 1847 bailó el rol de la gitana zaragozana Paquita en el reestreno que tuvo lugar en San Petersburgo de la mano del bailarín y coreógrafo francés Marius Petipa.

Marius Petipa y su fascinación por España. De Madrid a San Petersburgo

Por la tarde, después de la corrida, familias enteras de españoles se agrupaban en los balcones de casas y hoteles, otros paseaban por las calles. Estudiantes enmascarados tocaban sus guitarras, y los españoles invitaban a las mozas que se hallaban en los balcones o en la misma calle y bailaban el famoso fandango. Yo llevaba un traje nacional, con el que parecía un auténtico «majo», e invité a una preciosa españolita, y junto

ELENA ANDRIANOFF

*Prima Danzatrice all'I Teatro di Pietreburge
in costume della sua prima rappresentazione
all'I. R. Teatro alla Scala in Milano 1846.*

L. Mantovani. Retrato de la bailarina Elena Andreyanova. 1846.

Philippon Phot. Retrato del bailarín y coreógrafo Marius Petipa. c. 1880.
© Bibliothèque nationale de France.

con otras tres parejas ejecutamos este típico baile español, que me era tan bien conocido. Nos acompañaban los estudiantes con sus guitarras, otros estudiantes iluminaban el cuadro con antorchas en las manos. Por esta actuación les echaron monedas. Todo aquello tenía un aspecto bastante pintoresco.

Con estas palabras, Petipa describía en sus memorias (HORMIGÓN, 2010: 309) las impresiones de su larga y provechosa estancia en España. Entre 1844 y 1847, trabajó como primer bailarín y coreógrafo del Teatro del Circo en Madrid, llegando a formar una de las parejas de mayor renombre de la época junto a la bailarina Marie Guy-Stéphan —que bailó en el Teatro Principal de Zaragoza entre 1848 y 1850 (HORMIGÓN, 2022)—. Petipa no solo profundizó sus conocimientos acerca de la cultura y los bailes españoles en la capital, sino que también realizó una extensa gira por diversas ciudades andaluzas como Sevilla y Cádiz. Todo ello quedó reflejado en los títulos *La perla de Sevilla* (1844), *Aventuras de una hija de Madrid* (1844) y *Carmen y su torero* (1846). Estas coreografías fueron el germen de los numerosos ballets de temática hispana que cautivarían más adelante al público ruso.

55

No tenemos constancia de que Petipa hubiera estado en contacto directo con las jotas aragonesas que se programaban en Madrid, lo que sí sabemos es que, anteriormente, ya había bailado esta danza en Nantes y Burdeos. El 26 de mayo de 1839, *Vert-Vert* indicaba que interpretó *La jota Aragonaise. Danse populaire de l'Aragon* en el Grand Théatre de Nantes junto a Thérèse Ferdinand y otras dos parejas más.[4] En este mismo escenario, Petipa coreografió y bailó *La zaragozana* (1841) en un divertimento en el cual se integraba *La tarentule* (HORMIGÓN, 2017: 265). Llama la atención que compartiesen escenario dos coreografías inspiradas por Aragón y Nápoles, lo que nos recuerda las influencias mutuas ya vistas en Bournonville. Pero, sobre todo, cabría preguntarse si los solos *Saragossa* de Elssler y Montes están interconectados con

4   Agradezco a la doctora Laura Hormigón su amabilidad por proporcionarme estos datos.

esta pieza. Además, tanto en Burdeos como en otras localidades francesas, la jota aragonesa se integró en el repertorio de danzas eslavas y españolas que interpretó Petipa con Célina Mouliné (MOREL-BOROTRA, 2016: 108). No es de extrañar que el exotismo de la danza aragonesa se integrase, a modo de divertimento, en dos de sus ballets más conocidos: *Don Quijote* y *Raymonda*.

Petipa llegó a San Petersburgo en 1847 después de haber tenido que huir abruptamente de España (HORMIGÓN, 2018). Curiosamente, *Paquita* fue el primer ballet que renovó a partir de la versión que había interpretado su hermano Lucien en París el año anterior, estableciendo así un nexo de unión entre Rusia, Francia y España por medio del imaginario de los Sitios. Progresivamente, Petipa fue adquiriendo mayor peso, especialmente tras el éxito de *La hija del faraón* (1862), su primer *grand ballet*. Este modelo coreográfico, claramente inspirado en la *grand opéra* francesa, incluía tres o cuatro actos, lujosas escenografías, así como un amplio número de bailarines que se valían del *grand pas d'action* para desplegar el virtuosismo que se estaba gestando en este enclave báltico (MURGA CASTRO, 2023: 141). De este modo, el ballet alcanzó un notable prestigio en la sociedad rusa. Tras la marcha de Perrot y posteriormente de Saint-Léon, Petipa se puso al frente del Ballet Imperial en 1871, cargo que ocuparía durante décadas de intensa y fructífera creación coreográfica con obras tan conocidas como *La bayadera* (1877), *La bella durmiente* (1890) o *El lago de los cisnes* (1895, en colaboración con Lev Ivanov). Esta época de gran esplendor encontró en el imaginario hispano un importante aliado.

Don Quijote se ha convertido en uno de los títulos más relevantes en lo que se refiere a la construcción de la imagen de España por medio de la danza. Petipa estrenó su versión el 26 de diciembre de 1869 en el teatro Bolshoi de Moscú, con música de Ludwig Minkus. A partir del vigésimo capítulo de la segunda parte de la novela homónima de Cervantes, Petipa coreografió un *grand ballet* ambientado en Barcelona, que narra las bodas de Camacho. El argumento gira en torno a la relación de la joven Quiteria (Anna Sobeshchanskaya) y el

Auguste Cadolle y G. Engelmann. Vista exterior del teatro Bolshoi de Moscú. c. 1830-1840.
© Jerome Robbins Dance Division, The New York Public Library.

barbero Basilio (Sergei Sokolov), pese a los impedimentos de su padre, el tabernero, y de Camacho, su prometido. Mientras tanto, Don Quijote y Sancho Panza viven una serie de aventuras en torno a la pareja. Aunque Petipa no fue el primero en adaptar esta obra literaria (MARTÍNEZ DEL FRESNO, 2007), ni tampoco el último, sí fue el más importante al incluir un amplio abanico de danzas españolas. Podemos encontrar seguidillas, boleros, fandangos y por supuesto jotas. En el primer acto, las amigas de Quiteria bailan esta danza a la par que venden sus productos en la calle (SOURITZ, 2016: 205), mientras que el enrevesado final de este acto suele concluir con unos enérgicos *balancés*. Pese a que todavía no podemos afirmar que se trate de una jota aragonesa, la presencia de la cabriola —conocida como batuda en términos joteros— en la adaptación de Carlos Acosta para el Royal Ballet en 2014 parece corroborar esta hipótesis.

Emma Kauldhar.
Mathew Ball, bailarín
principal del Royal Ballet,
interpretando la producción
de *Don Quijote*
de Carlos Acosta. 2023.
© Royal Opera House (cortesía).

Este ballet ha sido modificado considerablemente desde entonces. Dos años después, el propio Petipa llevó a cabo una nueva puesta en escena en San Petersburgo, introduciendo el conocido *grand pas de deux* del tercer acto. Mientras que, en el año 1900, Alexander Gorsky, uno de sus alumnos más aventajados, coreografió su propia versión con mayor realismo y dinamismo para el cuerpo de baile (SOURITZ, 1990: 31). Desafortunadamente, no contamos con una notación completa de este ballet. Se ha perdido la coreografía original de Petipa o, mejor dicho, se ha diluido entre las muchas reposiciones realizadas a lo largo del siglo XX. Tanto Anna Pavlova como George Balanchine imprimieron su huella en *Don Quijote*, pero aquí nos interesa remarcar las producciones que tuvieron lugar en Riga.

En 1931, Alexandra Fedorova-Fokine estrenó este ballet en la Ópera Nacional de Letonia a partir del binomio Petipa-Gorsky, incluyendo también ciertos elementos de la producción de Fyodor Lopukhov en Rusia del año 1923. Para ello, contó con figurinismo y escenografía de Sigismunds Vidbergs, cuyos diseños enfatizaban los aires de modernidad sin perder la esencia de lo español (PRECIADO-AZANZA, 2022b: 315-318). Este vestuario se mantuvo durante prácticamente tres décadas, en gran parte debido a los más de ochenta trajes que realizó en 1936 para la puesta en escena de Osvalds Lēmanis. Esta versión contó con una nueva jota en el último acto (BITE, 2002: 121), que, a la postre, finalizaba con el pasodoble *España cañí* del compositor bilbilitano Pascual Marquina.

La jota aragonesa también estuvo presente en *Raymonda*, el último *grand ballet* de Petipa estrenado el 19 de enero de 1898 en el teatro Mariinski de San Petersburgo. En esta ocasión, Petipa se trasladó a la Europa medieval del siglo XII, en plena época de las Cruzadas. Es decir, se trata de una historia de «moros contra cristianos» con todas sus connotaciones racistas y colonialistas. A la espera del retorno del caballero Jean de Brienne (Sergei Legat), el sarraceno Abderakhman (Pavel Gerdt) intenta secuestrar, sin éxito, a la princesa húngara Raymonda (Pierina Legnani). Durante el transcurso del segundo acto, el

Vista exterior de la Ópera Nacional de Letonia, Riga. 2016.
© Fotografía del autor.

Петроградъ. Марiинскiй театръ.

P. S. Radetskii. Vista exterior del teatro Mariinski de San Petersburgo. c. 1910-1920.
© The Miriam and Ira D. Wallach Division of Art, Prints and Photographs, The New York Public Library.

Sigismunds Vidbergs. Figurín para la reina de las dríadas del ballet *Don Quijote*.
c. 1931-1936. © Rakstniecības un mūzikas muzejs, Riga. © Sigismunds Vidbergs, VEGAP,
Madrid, 2024.

Sigismunds Vidbergs. Figurín para una de las amigas de Quiteria del ballet
Don Quijote. c. 1931-1936. © Rakstniecības un mūzikas muzejs, Riga.
© Sigismunds Vidbergs, VEGAP, Madrid, 2024.

séquito de Abderakhman interpreta una serie de danzas orientalistas, entre las cuales se encuentra el *grand pas espagnol*.

Una vez más, en plena dialéctica identitaria española, acrecentada meses más tarde con la pérdida de las últimas colonias (ÁLVAREZ JUNCO, 2001), el imaginario europeo volvía a situar a la península como un entorno más africano y, por tanto, exótico. De hecho, el libreto de Lydia Pashkova indicaba que esta danza estaba interpretada por mujeres procedentes de Granada, enfatizando así la herencia musulmana del último reino andalusí. Sin embargo, Aleksandr Glazunov introdujo acordes de jota aragonesa en la partitura (VELA, 2022: 158).

Esta influencia de la jota continuó en el plano coreográfico. En este divertimento, también conocido con el nombre de *Panaderos* —una danza originaria de Andalucía—, Petipa incluyó en numerosas ocasiones el movimiento del *pas de basque* (FULLINGTON, 2022: 309-313). Si observamos la puesta en escena reciente en Milán, nos daremos cuenta que este paso de vasco es bastante similar al vals por picao de la danza aragonesa. Por tanto, cabría plantearse si ambas regiones estarían compartiendo similitudes en sus bailes por estar situadas a los pies de los Pirineos. El *grand pas espagnol* estaba interpretado por una pareja solista formada por Marie Petipa —la hija del coreógrafo— y Sergei Lukyanov, acompañada por un cuerpo de baile de dieciséis bailarinas de las cuales la mitad interpretaban papeles masculinos. Entre ellas, se encontraban nombres tan relevantes para el posterior desarrollo de la danza del siglo XX como Agrippina Vaganova o Anna Pavlova. Tras hacer su debut en el papel solista del *grand pas espagnol* en 1906 (LAZZARINI Y LAZZARINI, 1980: 80), Pavlova incluyó esta danza en el repertorio de su exitosa gira del año 1908 por Riga, Estocolmo, Copenhague, Berlín y Praga. Durante sus actuaciones en Berlín, Schneider retrató a Pavlova con un atuendo compuesto por un corpiño de lentejuelas y una falda larga estampada con palmeras. Así se enfatizaba el exotismo orientalista, que despertaban otras muchas danzas españolas en el extranjero (LÓPEZ ARNAIZ, 2022).

Estudio Schneider. Anna Pavlova vestida con el atuendo del *grand pas espagnol* para el ballet *Raymonda.* c. 1906-1909. Reproducida en Money (1982: 74). Internet Archive.

Raymonda supuso un punto de inflexión en la carrera de Petipa. Este ballet constituyó su último éxito antes de que el fracaso de *El espejo mágico* (1903) terminase con más de medio siglo de una intensa labor coreográfica en Rusia (ABAD CARLÉS, 2004: 140). Afortunadamente, todavía podemos seguir disfrutando de sus obras gracias a las notaciones coreográficas redactadas —de acuerdo al sistema inventado por Vladimir Stepanov en 1892— y salvaguardadas por su asistente Nicholas Sergeyev. Tras el estallido de la Revolución rusa en 1917, Sergeyev huyó con más de veinte notaciones de estos ballets, que completaría en Riga durante su estancia como director del Ballet Nacional de Letonia entre 1922 y 1925 (WILEY, 1976: 99). Todo este material, conocido actualmente como la colección Sergeyev, ha permitido que el legado de Petipa siga estando presente en los escenarios, pese a que sus obras han sufrido múltiples variaciones. Estas coreografías transmitieron un canon que, estemos o no de acuerdo con los ideales que proyectaron, no lo podemos obviar.

Como hemos podido apreciar, durante las décadas finales del siglo XIX, San Petersburgo se convirtió en el punto neurálgico del ballet por medio de las producciones que estrenó Petipa con el Ballet Imperial, cuya sede en el teatro Bolshoi Kamenny se trasladó al Mariinski desde 1886. Mientras tanto, París se había quedado rezagada. El gusto del público francés cambió en favor de otro tipo de espectáculos asociados al mundo de las variedades, entre los cuales destacaba el music hall (GUTSCHE-MILLER, 2015). No cabe duda que la bailarina, coreógrafa y maestra Marie-Thérèse Gamalery fue uno de sus máximos referentes, como retomaremos en el capítulo siguiente. A continuación, vamos a centrarnos en otra mujer que dio forma al Ballet de la Ópera de París en un momento bastante complicado de su historia. Tras una fugaz estancia en la Salle Ventadour, el fastuoso Palais Garnier se convirtió en la nueva sede de esta institución en 1875. Para entonces, esta compañía ya estaba sumida en un largo período de decadencia que se prolongaría hasta bien entrado el siglo XX (GUEST, 2001: 125-142). El buque insignia del ballet había perdido el hilo de los avances coreográficos que se estaban produciendo en el panorama internacional.

Retrato del bailarín, director y regidor Nicholas Sergeyev. c. 1922-1925.
© Latvijas Nacionālais arhīvs, Riga.

Aragón y la jota en la trayectoria de Rosita Mauri en París

Isabel Amanda Rosa Mauri Segura, más conocida como Rosita Mauri, llegó a París en 1878 procedente de la Scala de Milán, otro de

Vista parcial
del escenario
y del patio
de butacas
del Palais Garnier,
actual sede
de la Ópera
de París. 2022.
© Fotografía del autor.

los grandes focos del ballet clásico con títulos como *Excelsior* (1881) (GÓMEZ CIFUENTES, 2019). Esta bailarina española fue descubierta por Charles Gounod en el coliseo italiano. Tras quedar impresionado por sus cualidades, contactó con el entonces director de la Ópera de París, Olivier Halanzier, quién envió al maestro de ballet Louis Mérante para comprobar dichas habilidades. Ese mismo año, Mauri se unió a la compañía de Mérante sin perder su contrato en Milán, hasta que después de protagonizar el exitoso ballet *La Korrigane* (1880) terminó por asentarse en la capital francesa (LLORENS *et al*, 1987: 54-56). Se convirtió en una de las estrellas de la agrupación hasta su retirada de los escenarios en 1898, rivalizando así con el virtuosismo de las bailarinas italianas encabezadas por Rita Sangalli. La historiografía no ha prestado suficiente atención a su figura. Manet y, sobre todo, Edgar Degas la retrataron en varias ocasiones. De hecho, parece ser que Mauri protagonizó varios de los abundantes lienzos que dedicó Degas a la danza. Asimismo, la reciente película de animación *Ballerina* (2016) hace hincapié en la importancia de esta *prima ballerina* española.

Mauri triunfó con las danzas españolas que, más adelante, incluiría en sus coreografías y transmitiría a sus alumnos como maestra de la Ópera de París. Si bien es cierto que es oriunda de Reus, su familia presenta una importante relación con Aragón: su abuela paterna Rosa se apellidaba Aragonés; su padre tuvo como padrino a Rafel Millan, un boticario de la localidad bajoaragonesa de Fabara; mientras que su hermano Pedro falleció en Zaragoza en 1901 (CANYAMERES e IGLÉSIES, 1971: 31-33). Todo esto podría explicarnos por qué la jota ocupó un lugar muy destacado en el repertorio de Mauri.

El *grand ballet espagnol* de la ópera *Le Cid* se estrenó el 30 de noviembre de 1885 con música de Jules Massenet y coreografía de Mérante. Este divertimento continuaba con la larga tradición de las *grand opéras* francesas, que solían incluir un ballet en el segundo o tercer acto. Estos números coreográficos fueron fundamentales para el éxito, o el fracaso, de estas producciones, como le ocurrió a Richard Wagner con la puesta en escena de *Tannhäuser* en 1861. El

Nadar. Retrato de la bailarina, maestra y coreógrafa Rosita Mauri. 1880.
© Bibliothèque nationale de France.

Nadar. Retrato del bailarín, coreógrafo y maestro Louis Mérante. c. 1870-1880.
© Bibliothèque nationale de France.

LE GRAND BALLET ESPAGNOL DANSÉ SUR LA PLACE DE BURGOS AU DEUXIÈME ACTE DU CID

Henri Meyer. *Le grand ballet espagnol danse sur la place de Burgos au deuxieme acte du Cid*. 1885. © Bibliothèque nationale de France.

compositor alemán cometió un grave error al situar la danza de la bacanal nada más comenzar esta ópera, lo que provocó el enfado de los elitistas miembros del Jockey Club (FIGES, 2020), acostumbrados a acudir más tarde para ver a las bailarinas tras sus largas cenas. El *grand ballet espagnol* se situaba en el segundo acto, poco antes de que Doña Jimena acudiera al rey para exigir justicia contra Don Rodrigo, el Cid, que había matado en duelo al conde de Gormaz. Este ballet contribuyó notablemente al éxito de esta ópera por medio de los números *Castillane, Andalouse, Aubade, Catalane, Madrilene, Navarraise* y *Aragonaise.*

Este ballet se ambientaba en Burgos, como reflejó Henri Meyer en su grabado. Podemos observar una vista lateral de la catedral, mientras que en la parte inferior se encuentra una larga escalinata que nos conduce hasta la plaza mayor. Aquí, se agolpa una multitud en torno a los bailarines situados en media luna alrededor de la pareja solista, formada por Mérante y Mauri. Las intérpretes portan una especie de sombrero de rodina decorado con un madroño, mientras que Mérante y lo que parecen bailarinas *en travestie* llevan una montera. Ambos tocados están presentes en la indumentaria aragonesa (MANEROS, 1995). Mauri completa su traje con un tutú, decorado con una redecilla goyesca en la parte superior y una chaquetilla. El vestuario de Mérante también incluye faja, calzones y polainas. Por tanto, parece a todas luces la *Aragonaise*.

Todavía no podemos corroborar que nos encontremos ante una jota. Aún así, los brazos en jarra de Mérante apuntan en esta dirección. De hecho, *La Vie parissienne* publicó una ilustración de Ives y Barret, donde vuelve a estar retratado con la misma posición a la par que ejecuta el paso de cuna. Esta imagen pone de manifiesto el éxito que tuvo este número coreográfico, bisado por parte de Mauri (VAILLAT, 1947: 46). La *Aragonaise* se sitúa en el centro de esta composición como si fuese una alegoría de la construcción de la imagen de España. La rasmia de la jota aragonesa ejerce de hilo conductor entre el exotismo de Andalucía, el misticismo de Castilla y la energía de Aragón.

El 24 de febrero de 1893, el Palais Garnier acogió el estreno de *La Maladetta*. Joseph Hansen, el nuevo director de la compañía, coreografió este ballet con música de Paul Vidal a partir de una leyenda gascona. Rosita Mauri interpretó el papel principal del Hada de las nieves mientras que Miguel Vasquez encarnaba al jefe de los gitanos. Este ballet ambientado en los Pirineos continúa la influencia del Alto Aragón en el arte francés del siglo XIX (BERNUÉS SANZ, 2013). Tanto Vidal como el libretista Pierre Gailhard frecuentaron estas montañas. El *Heraldo de Aragón* señalaba el 28 de septiembre de 2009 que la partitura incluía jotas aragonesas. Sin embargo, apenas disponemos de datos al respecto. Desconocemos si la coreografía también está basada en el baile aragonés. De momento, tan solo sabemos que *La Maladetta* tuvo un éxito bastante considerable, como atestiguan las ciento setenta y seis representaciones que se realizaron en París hasta bien entrado el siglo XX (GUEST, 2001: 324).

Por último, Mauri coreografió una jota en el ballet *España*, protagonizado por la italiana Carlota Zambelli. Cabe destacar la importancia de que sea una mujer la creadora de esta obra. En la danza, al igual que ha sucedido con otras muchas disciplinas artísticas (LOMBA, 2019), la mujer ha estado eclipsada por el coreógrafo. El hombre era quien creaba y la mujer, por el contrario, tenía que conformarse con subirse a las tablas del escenario o eso es lo que la historiografía nos ha hecho creer, como se preguntaba retóricamente Garafola (2005: 215): «¿Dónde están las mujeres coreógrafas en el ballet?».

Sabemos que Mauri coreografió *España* en colaboración con Léo Staats. Esta pieza se estrenó el 3 de mayo de 1911 a partir de la rapsodia homónima, que compuso Emmanuel Chabrier tras un extenso viaje por varios puntos de la geografía española, entre ellos Zaragoza. Esto hizo que Manuel de Falla afirmase que «ningún español ha acertado de un modo tan genialmente auténtico como acertó Chabrier a darnos la versión de una Jota gritada por el pueblo de Aragón en sus rondas nocturnas» (VELA, 2022: 147). Este ballet se ambienta en un pequeño pueblo de la provincia de Bresse durante un caluroso día de San Juan. De repente, aparece un grupo de bailarines españoles que interpretan una jota de inspiración goyesca (MENDES, 1911: 20). Este baile revoluciona por completo a los habitantes locales, desatando un sinfín de disputas amorosas.

Desafortunadamente, este ballet no tuvo éxito y desapareció rápidamente del repertorio de la Ópera de París. El fracaso de *España* pone de manifiesto el fin de un modelo obsoleto que todavía seguía representándose en esta institución. Este teatro estaba anclado en los estereotipos románticos del pasado, por mucho que la llegada de los Ballets Russes de Diaghilev en 1909 hubiese revolucionado la escena parisina. Tras un largo período de decadencia, vino otro de transición que finalizaría con el nombramiento de Serge Lifar al frente de la compañía (GUEST, 2001: 143-166). Para entonces, la jota ya había volado a otros muchos escenarios de la capital francesa.

Ives y Barret. Collage de los elementos más representativos de la ópera *Le Cid.* 1885
(*La Vie parisienne*, 12 de diciembre de 1885). © Bibliothèque nationale de France.

Luc. Caricatura de los elementos más representativos de la ópera *La jota*. 1911 (*Journal Amusant*, 13 de mayo de 1911). © Bibliothèque nationale de France.

Nuevas interpretaciones en el ballet moderno

La influencia de la jota aragonesa fue tal que, el 26 de abril de 1911, se estrenó una ópera dedicada a este baile en el Théatre national de l'Opéra-Comique. *La jota* contaba con música y libreto de Raoul Laparra, mientras que los números coreográficos fueron obra de Marie-Thérèse Gamalery, apodada Madame *Mariquita*. El público parisino ya se había decantado por los espectáculos de variedades. El ballet experimentó un apogeo sin precedentes en escenarios como el Folies-Bergère, el Olympia o el Casino de Paris (GUTSCHE-MILLER, 2015). Gamalery fue una de sus grandes protagonistas.

Entre sus muchas coreografías, nos interesan especialmente las danzas de la ópera *La jota*, ambientada en Ansó durante la primera de las guerras carlistas (LLANO, 2013: 102). El diario satírico *Journal Amusant* publicó una caricatura de Luc que resumía el libreto de esta producción, protagonizada por la ansotana Soledad y el navarro Juan Zumárraga. El cura Mosén Jago desaprueba esta unión ya que está enamorado de la joven. En la parte inferior, observamos una de las explosiones que tuvieron lugar en la batalla encarnizada del segundo acto, ante la conmoción de los vecinos ataviados con sus pintorescos trajes. Esta detonación arroja, además, las figuras de los tres protagonistas. Aquí, Juan está interpretando el salto más representativo del baile aragonés, la cabriola, un movimiento que simboliza el creciente cosmopolitismo que fue adquiriendo la jota a principios del siglo XX.

Las danzas de Gamalery no reflejaban las combinaciones sencillas y señoriales de la jota ansotana, sino más bien el dinamismo y la explosividad de la jota de Zaragoza (Preciado-Azanza, 2023c: 315). Estos números potenciaron el dramatismo de esta ópera que oscilaba entre el pintoresquismo y la España negra plasmada en el figurinismo de William Laparra (Bernués Sanz, 2013). Desafortunadamente, la historiografía parece haber olvidado que Gamalery fue una de las máximas renovadoras del ballet francés, sin cuya labor la recepción de los Ballets Russes no habría sido tan determinante.

Estos aires de cambio estaban resonando en el otro extremo del continente. Aunque *Raymonda* ya dejaba entrever la transición hacia una nueva era, no sería hasta el estreno de *La muerte del cisne* (1907) cuando realmente podemos apreciar un cambio de tendencia. Apenas dos años antes, la Revolución rusa de 1905 no solo agitó los cimientos de la sociedad eslava, sino que también impactó de lleno en el Ballet Imperial. Sergei Legat murió trágicamente durante la huelga en la que se encontraban los bailarines tras la marcha forzosa de Petipa. En medio de semejante tensión, Mijaíl Fokin estaba inmerso en su propia revolución.

Además del conocido solo interpretado por Anna Pavlova, Fokin coreografió *Chopiniana* en 1907 (Beaumont, 1935: 37-38). Este ballet se distanciaba claramente de la estética de Petipa y evidenciaba la influencia de Isadora Duncan. Lejos del virtuosismo que habían marcado las bailarinas italianas, Fokin buscaba la expresividad.

Para ello, el cuerpo de baile cobraba gran protagonismo. Prescindió del argumento para que la atención del espectador residiese únicamente en la coreografía inspirada por el sentimiento de la música. Así creó su primer ballet sinfónico, un género ya presente en el siglo xix que alcanzaría su mayoría de edad con Massine en los años treinta y continuaría con Balanchine hasta la segunda mitad del siglo xx (Chujoy, 1937). En 1909, *Chopiniana* se incorporó a la primera temporada de los Ballets Russes en París, rebautizado con el título *Las sílfides*. El cambio ya era inevitable. El ballet caminaba hacia la modernidad.

Iris. Retrato del bailarín y coreógrafo Mijaíl Fokin. 1920.
© Bibliothèque nationale de France.

El nuevo ballet, que también rechaza las convenciones del ballet anterior, no puede considerarse un seguidor de la señora Duncan. Toda forma de danza es buena en la medida en que expresa el contenido o el tema que trata la danza; y esa forma es la más natural que se adapta mejor al propósito del bailarín. Sería igualmente antinatural representar una característica danza nacional española corriendo y saltando con una túnica griega mediante actitudes copiadas de las pinturas en los jarrones de la Antigua Grecia. Ninguna forma de baile debe aceptarse como única para todas.

El manifiesto publicado por Fokin en *The Times* el 6 de julio de 1914 resumía en cinco principios su visión del nuevo ballet. La búsqueda de un vocabulario coreográfico que sea nuevo, expresivo y acorde con la temática de la obra era primordial. La danza y la mímica tenían que estar al servicio de la acción dramática. El intérprete debía buscar la expresividad con todo su cuerpo. El cuerpo de baile dejaba de ser un elemento ornamental para convertirse en un vehículo expresivo de la coreografía. Por último, Fokin proponía una alianza de la danza con el resto de las artes. Todo ello asentó las bases teóricas del ballet moderno, convirtiéndole en un pionero del ballet sinfónico abstracto (KITAHARA, 2021: 249).

El empresario Sergei Diaghilev contrató a Fokin como coreógrafo de sus Ballets Russes, considerada la compañía de danza más influyente del siglo XX (GARAFOLA, 1989). El éxito de sus producciones residía en la unión de todas las disciplinas artísticas en torno a la danza. Esta búsqueda de la obra de arte total, difundida por Wagner en el siglo XIX bajo el nombre *Gesamtkunstwerk*, ya había sido introducida en Rusia por medio de la revista *Mir iskusstva* (*El Mundo del Arte*). Diaghilev promovió incesantemente la colaboración entre coreógrafos, bailarines, compositores, escenógrafos y libretistas de la talla de Vaslav Nijinski, Anna Pavlova, Ígor Stravinski, Maurice Ravel, Claude Debussy, Manuel de Falla, Sergei Prokofiev, Léon Bakst, Pablo Picasso, Henri Matisse, Coco Chanel, Alexandre Benois, Juan Gris,

Serge de Diaghileff's
Ballet Russe

Jean de Strelecki. Retrato del empresario ruso Sergei Diaghilev. 1916.
© Jerome Robbins Dance Division, The New York Public Library.

Joan Miró, Jean Cocteau o María Lejárraga, entre otros (Pritchard, 2011).

Scherezade, El pájaro de fuego, Petrushka, La siesta de un fauno y La consagración de la primavera son solo algunos de los títulos que se presentaron hasta el estallido de la Primera Guerra Mundial. Estos ballets transformaron el panorama artístico-cultural, aglutinando a los mejores artistas de la época durante las dos intensas décadas en las que estuvo en activo esta agrupación. El escenario se convirtió en un lugar de experimentación para las vanguardias, lo que convirtió a la danza en la forma artística más relevante de la primera mitad del siglo XX (Torralba, 1953: 450).

El 28 de julio de 1914, Fokin y su familia estaban a punto de coger un tren en la estación Saint-Lazare de París, cuando estalló el conflicto (Fokine, 1961: 234). Tenían intención de regresar a San Petersburgo para que Fokin volviese a trabajar con el Ballet Imperial, después de que el fugaz ascenso como coreógrafo de Nijinski hubiese enfriado su relación con Diaghilev. Tras ver frustrados sus planes, decidieron que lo mejor sería viajar a Rusia tomando la ruta del sur a través de España, el norte de África, el todavía Imperio otomano y Crimea. Pero cuando llegaron a la península, los turcos se acababan de unir a las potencias centrales cerrando también esta ruta. Se quedaron varados tres meses en España. Mijaíl y Vera Fokina aprovecharon este período para estudiar las diferentes vertientes de la danza española en Madrid, Sevilla, Granada y Málaga (Beaumont, 1935: 114).

Nada más llegar a la rebautizada Petrogrado, Fokin estrenó el ballet *Jota Aragonesa* en el teatro Mariinski el 29 de enero de 1916 —cuatro años más tarde del debut de la obra teatral *Los enamorados* de Meyerhold, inspirada en un lienzo de Anglada-Camarasa (García Guatas, 2005: 398)—. Esta pieza, con música de su compatriota Mijaíl Glinka, no tenía argumento. Fokin consideraba que los divertimentos coreografiados por Petipa carecían del «carácter, los pasos o incluso el estado de ánimo del verdadero baile español» (Fokine, 1961: 236). Se dispuso a remediarlo por medio de un ballet más expresivo y

Retrato de la bailarina,
maestra y directora Alexandra
Fedorova-Fokine junto
a su marido Alexander Fokin.
c. 1925-1930.
Dominio público.

fidedigno que plasmase los ideales del nuevo ballet. Alexander Go-
lovin incluyó numerosos elementos aragoneses en sus diseños. Sin
embargo, no podemos decir lo mismo de la coreografía. Los movimientos incluían tanto pasos de jota como de otras muchas danzas
españolas (BEAUMONT, 1935: 119). Es preciso destacar la presencia
de un jovencísimo Balanchine en el elenco de bailarines. Con apenas
doce años, interpretó un ballet que versionaría más adelante (TAPER,
1963: 49).

Desafortunadamente, *Jota Aragonesa* desapareció del repertorio
tras sus representaciones en Riga y Londres. En la capital báltica, la

cuñada del coreógrafo, Alexandra Fedorova-Fokine, puso en escena este ballet en 1930 con diseños de Ludolfs Liberts, considerado el máximo exponente del art déco en Letonia (VANAGA, 2014: 351). Podemos apreciar una amalgama de personajes tan pintorescos como bandoleros, toreros o flamencas, presentes en el collage fotográfico publicado por la revista *Atpūta* el 18 de noviembre. La mayoría de trajes aluden a los socorridos tópicos andaluces, que dominaban la imagen de España en el extranjero. Tan solo se aprecia el calzón, fajín y pañuelo de la indumentaria aragonesa en uno de los intérpretes (PRECIADO-AZANZA, 2023d: 291). Por otra parte, el propio Fokin repuso su ballet en 1937 con figurinismo y escenografía del artista español Mariano Andreu, que sería reutilizado para el ballet *Capriccio Espagnol* coreografiado por Léonide Massine en 1939 (MURGA CASTRO, 2012: 262-263).

La jota y los Ballets Russes a través de Léonide Massine

No podríamos llegar a comprender la influencia que ejerció la jota en los Ballets Russes, sin conocer primero la presencia tan importante de esta compañía en España (NOMMICK y ÁLVAREZ CAÑIBANO, 2000). El 17 de mayo de 1916, Diaghilev llegó a Cádiz junto a sus bailarines, tras una invitación del rey Alfonso XIII para actuar en el Teatro Real de Madrid. El monarca se convirtió en una figura fundamental en un momento en el que la guerra había mermado drásticamente sus actuaciones en el resto del continente europeo. Tanto su apoyo como las ocho giras que realizaron entre 1916 y 1927 (ABAD CARLÉS, 2023: 84) contribuyeron a la supervivencia de esta agrupación en tiempos tan difíciles.

En nuestro relato, nos interesa focalizarnos en la extensa gira del año 1918. Visitaron numerosas provincias españolas, incluyendo Zaragoza. Los Ballets Russes bailaron los días 20, 21 y 23 de abril en el Teatro Principal con un programa que incluía *Carnaval*, *Cleopatra*, las *Danzas Polovtsianas* de la ópera *El príncipe Ígor*, *El espectro de la rosa*, *Le festin*, *Les Papillons*, *Scherezade*, *Sol de la noche*, *Thamar* y *Las sílfides*

Ludolfs Liberts. Figurín del ballet *Jota Aragonesa*. 1930.
© Zuzeum, Riga (cortesía).

(Acker, 2000: 247-248). En esta última pieza, parece ser que Gavrilov introdujo accidentalmente su pie en las tablas del escenario después de realizar un salto. La prensa reflejó la expectación que existía en la ciudad ante semejante evento dancístico, anunciado por el *Heraldo de Aragón* desde el 25 de marzo. El público aragonés quedó embelesado, mientras que los rusos pudieron familiarizarse con la jota aragonesa. Todas estas giras pusieron de manifiesto la afinidad entre

Programa de la actuación de los Ballets Russes de Diaghilev en Zaragoza. 1918.
© Archivo del Teatro Principal de Zaragoza (cortesía).

rusos y españoles. Diaghilev encontró en el imaginario hispano una potente fuente de inspiración que cristalizó en *Las Meninas*, *Cuadro Flamenco* y, sobre todo, en *El sombrero de tres picos*.

Es bien sabido que *El sombrero de tres picos* finaliza con una jota aragonesa. Este ballet, estrenado el 22 de julio de 1919 en el Alhambra Theatre de Londres, fue el resultado de la colaboración entre el coreógrafo Léonide Massine, el compositor Manuel de Falla, la libretista María Lejárraga y el escenógrafo Pablo Picasso (GONZÁLEZ MESA *et al*, 2019). El argumento, ambientado en un pueblo andaluz del siglo XVIII durante la Fiesta de San Juan, se centra en la seducción del corregidor hacia la molinera, ante los ojos de su marido. La protagonista le sigue el juego, pero tras verse humillado, el corregidor decide vengarse y ordena que arresten al molinero. Los alguaciles se confunden y detienen a su propio líder. En ese momento, el pueblo estalla de alegría por medio de una jota que simboliza el final del despótico reinado del corregidor.

127 LONDON. W. — *Leicester Square and Albambra.* — LL.

Vista exterior del Alhambra Theatre de Londres. c. 1900-1910.
© Billy Rose Theatre Division, The New York Public Library.

El punto de partida de esta colaboración hispano-rusa (MARTÍNEZ DEL FRESNO, 2016) tuvo lugar el 26 de junio de 1916, momento en el que se interpretaba *Noches en los jardines de España* de Falla en el Palacio de Carlos V de la Alhambra. Diaghilev y Massine se encontraban en el público. Al año siguiente, tras el debut de la pantomima *El corregidor y la molinera* en el Teatro Eslava de Madrid, el empresario ruso quiso incluir la novela de Pedro Antonio de Alarcón en el repertorio de su compañía. Sin embargo, Diaghilev buscaba un final más grandilocuente. Así que le pidió a Falla que introdujese una jota. Esta danza culmina con el manteo del corregidor inspirado en *El pelele* de Goya. La introducción de este pasaje se debe, fundamentalmente, al viaje que realizó Falla a Fuendetodos el 8 de octubre de 1917. El compositor rindió homenaje al creador aragonés junto a otros muchos artistas, literatos e intelectuales, entre los cuales figuraban Ignacio Zuloaga y la cantante polaca Aga Lahowska, que interpretó la jota de las *Siete canciones populares españolas*. Apenas dos semanas más tarde, Falla

Vidal. Manuel de Falla junto a Aga Lahowska en el interior de la iglesia de Fuendetodos. 1917. © Archivo Manuel de Falla.

felicitaba a Diaghilev por sus nuevos proyectos y por el triunfo de los aliados a través de una postal que reproducía *El pelele* junto a un extracto de la música de *El sombrero de tres picos* (Vela, 2022: 195-196).

Ese mismo año, Falla se había unido al propio Diaghilev, Massine y el bailaor Félix Fernández, apodado *El Loco*, en un viaje estival por diferentes puntos de Castilla, Andalucía y Aragón (Garafola, 2000: 92). Este recorrido fue fundamental para el proceso coreográfico de este ballet, como remarcaba Massine (1968: 116) en sus memorias:

> Bajo la dirección de Félix, empecé a comprender la gramática fundamental de las danzas folclóricas españolas, y ahora era capaz de ver cómo se les podía dar un tratamiento coreográfico más sofisticado. Para ayudarme en mi trabajo, Diaghilev organizó un viaje por España

Rafael Garzón. Manuel de Falla con Léonide Massine
en el Patio de los Leones de la Alhambra, Granada. 1916.
© Archivo Manuel de Falla.

Alba Muriel. Puesta en escena reciente de la jota aragonesa del ballet
El sombrero de tres picos. 2019. © Compañía Nacional de Danza (cortesía).

para estudiar la infinita variedad de danzas campesinas autóctonas. Con Falla y Félix como tutores, Diaghilev y yo fuimos alumnos ávidos y receptivos. Durante todo aquel caluroso y seco verano español viajamos a un ritmo pausado, visitando Zaragoza, Toledo, Salamanca, Burgos, Sevilla, Córdoba y Granada. Éramos un cuarteto simpático, unido por nuestro interés por la cultura y la música españolas.

El sombrero de tres picos incluía jotas, farrucas y fandangos, convirtiéndose así en «una fusión de danzas folclóricas autóctonas y técnicas coreográficas clásicas» (MASSINE, 1968: 119). La imagen que proyectó el bailarín y coreógrafo ruso estaba sustentada en las experiencias vividas durante su larga estancia en España. Asistió a espectáculos flamencos de Juana la Macarrona; corridas de toros de Juan Belmonte, Rodolfo Gaona y Joselito; se impregnó del arte español en el Museo del Prado admirando las obras de El Greco, Velázquez, Ribera, Murillo, Zurbarán y Goya, cuya influencia se reflejará en el manteo final del corregidor; pero sobre todo aprendió los diferentes pasos y estilos de la danza española de la mano de Félix Fernández. Este bailaor acompañó a Massine durante todo el proceso coreográfico. Sin embargo, su trabajo no fue reconocido, ya que su nombre no apareció en el programa de mano. Tras quedar descartado para interpretar el rol principal, que recaería en Massine (FUSILLO, 2020: 105-106), se sumió en la locura.

La jota final recogía un amplio abanico de pasos vernáculos de la danza aragonesa. El 24 de enero de 1920, Corpus Barga llegó a afirmar en el diario *El Sol* que «la jota siempre [le] ha parecido un baile ruso». Estas palabras ponían de manifiesto las similitudes que encontraba Massine entre la pasión hispana y el temperamento ruso, reflejado en la propia coreografía. Nada más comenzar la jota, los alguaciles se valen del salto de la cabriola como se aprecia en filmaciones recientes (BAUSSY-OULIANOFF, 2005). Este movimiento encarna la rasmia, esa palabra tan aragonesa que define certeramente la energía y el tesón de sus ciudadanos. A lo largo del siglo XX, la jota imaginada de *El sombrero de tres picos* ha sido representada en Londres, París, Roma, Madrid, Viena, Budapest, Estocolmo, Stuttgart,

Zürich, Milán, Atenas, Kiev, Chicago, Nueva York, Buenos Aires e incluso Ciudad del Cabo (Álvarez Cañibano, 2020).

No cabe duda que gran parte del éxito de este ballet residía en el figurinismo y la escenografía de Picasso, un referente para la construcción de los imaginarios hispanos en la modernidad (Murga Castro, 2017: 49). Sus diseños no fueron tan rompedores, como lo habían sido en el ballet cubista *Parade* (1917) —su primera colaboración con los Ballets Russes y el inicio de una larga y fructífera trayectoria en los escenarios, que se prolongaría hasta 1962—. En esta ocasión, Picasso siguió una línea más realista, en consonancia con la denominada «vuelta al orden» surgida tras la guerra. Sus abundantes bocetos muestran notables influencias de los trajes dieciochescos de la época de Goya (Cooper, 1968: 40), las estampas que le proporcionó Max Jacob y su estancia en Horta de San Joan, donde se familiarizó con la indumentaria aragonesa (Gual, 2022). Durante dos meses, trabajó intensamente en el estudio de Vladimir y Elizabeth Polunin en Londres hasta alcanzar una imagen poliédrica de España. Picasso diseñó más de cuarenta figurines para los protagonistas, personajes característicos de lo español como toreros y picadores, además de una amplia variedad de vecinos procedentes de Mallorca, Sevilla o Aragón. Estos últimos dominan claramente el cuerpo de baile con cuatro diseños diferentes. Aquí Picasso desplegó todos sus conocimientos de la vestimenta tradicional al incluir la saya o el mantón.

Picasso también se encargó de la escenografía y el figurinismo de *Cuadro Flamenco*, otra producción de los Ballets Russes que concluía con una jota aragonesa. Aunque el programa señalaba que se trataba de una suite de danzas andaluzas integrada por *La malagueña*, el *Tango gitano*, *La farruca*, dos *Alegrías*, el *Garrotín grotesco* y el *Garrotín cómico*; la velada terminaba con *La jota aragonesa* bailada por La López y El Moreno. El Théatre de Gaité-Lyrique de París acogió el estreno el 17 de mayo de 1921. Este tablao no tenía argumento. Se trataba de un conjunto de ocho números coreográficos improvisados por los propios bailaores, que tenían como telón de fondo

Foulsham and Banfield. Puesta en escena de *Cuadro Flamenco* en Londres. 1921
(*The Graphic*, 11 de junio de 1921). © British Newspaper Archive.

un teatro dentro de un teatro. Picasso recuperó la idea inicial para *Pulcinella* rechazada por el empresario ruso (COOPER, 1968: 49). Tras la repentina marcha de Massine, Diaghilev se vio forzado a buscar un nuevo coreógrafo. En este *impasse*, antes de que el puesto fuese ocupado por Bronislava Nijinska, surgió *Cuadro Flamenco*. Diaghilev tenía intención de contratar a las grandes estrellas del flamenco, para lo cual viajó hasta Sevilla junto a Stravinski y Boris Kochno en marzo de 1921. Sin embargo, las negociaciones con La Macarrona y Antonio López Ramírez, *Ramirito*, no prosperaron (BUCKLE, 1979: 380). Tuvo que conformarse con María de Albaicín, que se alzaría como la gran protagonista de esta producción.

Tras la disolución de los Ballets Russes, el legado de Diaghilev siguió vivo durante décadas. En 1932, René Blum y el coronel Wassily de Basil presentaron los Ballets Russes de Monte-Carlo. La compañía se escindió tres años después. Por un lado, los Ballets Russes du Colonel de Basil continuaron su actividad hasta la extensa gira que realizaron por España en 1948 (GARCÍA MÁRQUEZ, 1990: 310-311). Mientras que Blum, que desgraciadamente terminaría sus días en Auschwitz, se unió al empresario Sergei Denham para conformar el Ballet Russe de Monte Carlo. Esta segunda compañía permaneció en

Traje de una de las aragonesas realizado en los talleres
de la Ópera de París a partir de los diseños de Pablo Picasso. 1965.
© Casa de la Danza de Logroño (cortesía). Fotografía del autor.

"SPANISH FIESTA"

Léonide Massine
y Tamara Toumanova
en el cortometraje
Spanish Fiesta. 1942.
© The Film Poster
Gallery.

activo hasta 1962 tras asentarse en Estados Unidos. Entre sus últimas producciones, cabe resaltar una nueva versión del ballet *España* con música de Bretón, Chapí y Granados (ANDERSON, 1990: 304). Esta segunda edad de oro de los Ballets Russes permitió que la obra coreográfica de arte total se mantuviera hasta bien entrado el siglo XX. Contaron entre sus filas con coreógrafos, bailarines, compositores y escenógrafos tan destacados como Frederick Ashton, Ruth Page, Alexandra Danilova, Frederick Franklin, Aaron Copland, George Gershwin, Willem de Kooning o Salvador Dalí.

Por último, finalizamos este recorrido por la jota en los Ballets Russes con *Capriccio Espagnol*. Este ballet, estrenado el 4 de mayo de 1939 en el Théâtre de Montecarlo, también culmina con una jota aragonesa. Massine coreografió la suite orquestal homónima de Nikolai Rimsky-Korsakov, en colaboración con Encarnación López, *la Argentinita*. La participación de esta bailarina reavivó el interés del ruso hacia las danzas hispanas y contribuyó al asentamiento de la española en tierras estadounidenses por medio de la gira realizada ese mismo año con este ballet (MURGA CASTRO, 2014). El argumento se centra en la fiesta que tiene lugar en un pequeño pueblo durante la romería. La llegada de una pareja de gitanos, interpretados por Massine y la Argentinita, revoluciona a los habitantes locales con una danza transformada en «jota frenética» (MASSINE, 1968: 211).

Se recuperaron los diseños que Andreu había creado dos años antes para la reposición de la *Jota Aragonesa* de Fokin y que, más adelante, se exhibirían en la exposición *Les décorateurs de Théatre* (GARCÍA-PORTUGUÉS, 2019: 99). Este artista español concibió unos trajes que, si bien parecen inspirados en la indumentaria tradicional aragonesa, presentan igualmente ciertas influencias goyescas (MURGA CASTRO, 2012: 262-264). En 1942, Juan Negulesco dirigió la adaptación cinematográfica de este ballet titulada *Spanish Fiesta*, protagonizada por Tamara Toumanova y el propio Massine.

Además, es preciso destacar cómo muchos de los bailarines y colaboradores de Diaghilev decidieron tomar su propio camino. En

Riga, Sergeyev se convirtió en el primer director del Ballet Nacional de Letonia en 1922, mientras que Fedorova-Fokine y Anatol Vilzak se mantuvieron al frente de esta compañía en los años veinte y treinta (BĀLIŅA, 2018: 766). En París, Serge Lifar renovó la anquilosada Ópera de París —convirtiéndose en una figura controvertida durante la Francia de Vichy por su colaboracionismo (FRANKO, 2020)—. En Londres, Ninette de Valois fundó el Royal Ballet en 1931, en tanto que Alicia Markova y Anton Dolin establecieron el English National Ballet en 1950. En Nueva York, George Balanchine creó el New York City Ballet. Nos interesa especialmente su labor ya que coreografió su propia versión de la *Jota Aragonesa* de Glinka, como retomaremos en el capítulo siguiente.

Pervivencias en un contexto polarizado

La danza jugó un importante papel en la difusión ideológica a lo largo del siglo XX, especialmente en la Unión Soviética. Tras la Revolución rusa de 1917, el ballet se consideraba un símbolo de la Rusia imperial. Lenin tenía intención de desmantelar los teatros Bolshoi y Mariinski por considerarlos representantes de la cultura burguesa (KHITROVA, 2014). Sin embargo, el influyente Anatoly Lunacharsky, encargado de la instrucción pública hasta 1929 —y en gran medida supervisor de las políticas culturales soviéticas—, apreciaba esta forma artística (MORRISON, 2016). Con Stalin ya en el poder, el estreno de *La amapola roja* (1927) enfatizó el uso de la danza como arma política.

Esta faceta también estaba presente en España, un contexto en el que no podemos obviar el papel que tuvo la jota aragonesa. La apropiación de este baile puede ser vista como una herramienta de diplomacia exterior —denominada poder blando (NYE, 2005)— a través de las actuaciones que realizaron los Coros y Danzas de la Sección Femenina en el extranjero. Anteriormente, la Segunda República ya se había valido de la danza aragonesa en el Pabellón de España de la Exposición Internacional de París del año 1937 (MURGA CASTRO, 2012: 238). Excede el marco de este libro la recopilación exhaustiva de todas las jotas que incluyeron en sus programas los bailarines españoles en sus giras nacionales e internacionales. Tan solo vamos a ofrecer una sucinta panorámica de las distintas visiones del imaginario de lo aragonés que proyectaron en las abundantes jotas interpretadas durante la Edad de Plata, su notable presencia en el franquismo, sin olvidarnos de su papel en el exilio republicano.

Hasta ahora, no hemos mencionado la importancia de la jota aragonesa en la Edad de Plata. Este período de gran esplendor cultural se produjo durante el primer tercio del siglo XX. (MAINER, 1975). El estallido de la Guerra Civil truncó este florecimiento, que abarcó todos los aspectos de la sociedad española. Destacaron los literatos de las generaciones del 98, el 14 y el 27, entre los cuales figuraban Pío Baroja, Jacinto Benavente, Antonio Machado, Miguel de Unamuno, José Ortega y Gasset, Manuel Azaña, Federico García Lorca y Rafael Alberti; el arquitecto modernista Antoni Gaudí y los miembros racionalistas del GATEPAC José Manuel Aizpurúa o Fernando García-Mercadal; los escultores Pablo Gargallo y Julio González; así como un amplio abanico de pintores como Picasso, Miró o Maruja Mallo que realizaron múltiples incursiones en el campo de la escenografía para danza (MURGA CASTRO, 2017). Estas sinergias se materializaron, especialmente, en el seno de la obra de arte total de los Ballets Russes, como ya hemos abordado anteriormente.

Entre las múltiples iniciativas que se llevaron a cabo en la Edad de Plata, se intentó conformar una compañía de ballet estable, enmarcada en la política cultural de la Segunda República (MURGA CASTRO, 2016). Sabemos que el Gran Teatro del Liceo y el Teatro Real han contado en algún momento de su historia con un cuerpo de baile (ALBERDI, 2017). Sin embargo, a diferencia de lo sucedido en Francia, Inglaterra, Dinamarca, Letonia o Rusia, estas propuestas no se prolongaron lo suficiente en el tiempo para que pudiera establecerse un ballet nacional. En este aspecto, es preciso remarcar la labor de María Esparza, directora del efímero Ballet del Teatro Lírico Nacional, que interpretaba el baile aragonés como colofón de sus programas cosmopolitas conformados, entre otros, por danzas portuguesas, tirolesas y egipcias (MARTÍNEZ DEL FRESNO, 2000: 163).

Antonia Mercé, *la Argentina*, fue una de las bailarinas con mayor proyección internacional de la Edad de Plata. Realizó abundantes recitales por Europa, América, África y Asia. Si bien es cierto que su

Antonia Mercé, *la Argentina*, interpretando una jota aragonesa. 1930.
© Legado Antonia Mercé La Argentina. Biblioteca Fundación Juan March (Madrid).

repertorio se construyó fundamentalmente por medio de arquetipos de temática andaluza, madrileña, velazqueña y goyesca, la jota aragonesa también estaba presente. El número *jota de Aragón*, con música de Falla (BENNAHUM, 2000: 32), se pudo visualizar en lugares tan dispares como Montreal, Buenos Aires, La Habana, Estocolmo, Londres, París e incluso Argel. Mercé estuvo influenciada por el modelo de Diaghilev. Tras el éxito de *El amor brujo* (1925) en la capital francesa, fundó su propia compañía, los Ballets Espagnols, que estuvieron en activo entre 1927 y 1929 con coreografías como la *Jota aragonesa* del compositor zaragozano José Tremps (MURGA CASTRO y COELLO HERNÁNDEZ, 2023: 252).

Esta agrupación nunca bailó en España, como sí lo hizo la Compañía de Bailes Españoles de Encarnación López, *la Argentinita*. Este proyecto, activo entre 1933 y 1934, contaba con el apoyo de artistas e intelectuales liderados por Federico García Lorca e Ignacio Sánchez Mejías. Sus giras se centraron sobre todo en el territorio nacional. Aun así, el 21 de junio de 1934 se presentó en el parisino Théâtre des Ambassadeurs un programa que incluía la *Jota de Alcañiz,* coreografiada a partir de la partitura de Font (MURGA CASTRO, 2012: 131). Desafortunadamente, Encarnación López murió prematuramente en el exilio. Su hermana, Pilar López, volvió después a España llegando a conformar su propia compañía que continuaría todo este legado. De hecho, el 25 de septiembre de 1947, el Ballet Español de Pilar López interpretó una jota aragonesa en el Teatro Principal de Zaragoza.

Por otra parte, Vicente Escudero incorporó *Jota (Huesca)* en el repertorio de sus giras por Europa y Estados Unidos. Este número, coreografiado a partir de una pieza de Granados e interpretado junto a Carmita García, contaba con vestuario de Joaquín Peinado (MURGA CASTRO, 2012: 139). El 17 de marzo de 1928 bailaron esta jota en una gala de danzas españolas celebrada en la parisina Salle Pleyel, el mismo escenario donde Escudero había sorprendido al público con su *Baile con motores* (1922). La carrera de Escudero es algo atípica. En 1925, protagonizó *El amor brujo* junto a Antonia Mercé,

TEATRO PRINCIPAL

Empresa: Blasco   Representante: Unadón

Jueves 25 de Septiembre de 1947

Inauguración Oficial de la Temporada

Ballet Español

DE

Pilar López
José Greco
Manolo Vargas

COREOGRAFIA

Argentinita

Un espectáculo donde el arte es ARTE arrancado a golpe de genio y gracia de la rica cantera tradicional. Auténtico regalo para los sentidos compendio de bellas motivaciones tomadas de la Música, de la Pintura, de la Escultura y de la Poesía fundidas en un tono armonioso que acredita la alta inspiración que lo ha dirigido. Un espectáculo digno de todo público, un espectáculo que merece ser visto, admirado, aplaudido y recomendado.

Gráficos López - Zaragoza

Programa de mano de la actuación del Ballet Español de Pilar López en Zaragoza. 1947.
© Archivo del Teatro Principal de Zaragoza (cortesía).

Martín Santos Yubero. Joteros bailando durante el homenaje a Vicente Escudero en el Teatro Monumental. 1974. © Archivo Regional de la Comunidad de Madrid (cortesía).

una artista a la que admiraba, pero con la que marcaba sus diferencias: «para mis bailes me inspiraba en Picasso; ella no pasaba de Zuloaga» (ESCUDERO, 1947: 13). Escudero se decantó por una vertiente más vanguardista, bebiendo sobre todo del cubismo y el surrealismo. A pesar de haber triunfado internacionalmente con su compañía Bailes de Vanguardia, era un incomprendido en España. Tuvo que reinventarse desde la modernidad a la tradición. Se convirtió en un referente del flamenco, como plasmó en su conocido *Decálogo del baile flamenco* (1951). Al mismo tiempo, Aragón y la jota siguieron muy presentes en su carrera. En 1940 y 1942, Escudero y Carmita García bailaron en el Teatro Argensola de Zaragoza. Mientras que el 4 de noviembre de 1974, el baile aragonés se representó en el homenaje celebrado en el Teatro Monumental de Madrid, para ensalzar la larga trayectoria de este polímata de la danza.

Tampoco podemos olvidar a Teresina Boronat, la musa de las esculturas danzantes de Gargallo. Boronat seguía la estela de Mercé. De hecho, su compañía se denominó Ballets Espagnols Teresina y llevó a cabo múltiples giras por los escenarios europeos, americanos y asiáticos (MURGA CASTRO, 2017: 175). El 28 de abril de 1928, Boronat destacó por el recital de danzas españolas que interpretó en la Salle Pleyel para homenajear a Goya en el centenario de su fallecimiento. Este programa incorporaba el número *La jota (danza popular aragonesa)* (JUBERÍAS GRACIA, 2022: 381), lo que nos permite apreciar de qué manera el binomio entre Goya y la jota (BERNAL BERNAL, 2019) todavía seguía muy presente en la capital francesa tras las representaciones de *El sombrero de tres picos* en 1920.

Esta bailarina se había formado con Pauleta Pàmies, una conocida maestra del Liceo que había estudiado con Ricardo Moragas. Pàmies también se encargó de la instrucción de otras muchas intérpretes de la Edad de Plata que prolongaron sus carreras en el franquismo. La historiografía parece haber olvidado dos alumnas suyas de procedencia aragonesa. La jacetana Pilar Bello interpretó la fantasía *Aragón* de Albéniz por diferentes escenarios europeos e hispanoamericanos

Mausoleo de María Paz Gascón, *Mari Paz*, en el cementerio
de Nuestra Señora de la Almudena, Madrid. 2023. © Fotografía del autor.

hasta los años cincuenta. Mientras que la carrera de María Paz Gascón, apodada *Mari Paz*, se vio tristemente truncada. Esta artista de gran precocidad bailaba desde los dos años, con cuatro se subió a las tablas del zaragozano Teatro Parisiana y con doce debutó en Madrid. Su capacidad artística parecía no tener límites. Tras iniciarse en el ballet, evolucionó hacia la danza española, la canción e incluso el cine (BARREIRO, 2004). Considerada por muchos la heredera de Antonia Mercé, esta artista tan completa compartió escenario y pantalla con Raquel Meller, Concha Piquer y Juan Orduña. Desafortunadamente, falleció con apenas veintidós años en 1946. El cementerio de la Almudena todavía nos recuerda la importancia de su figura por medio de un mausoleo erigido por suscripción popular.

No cabe duda que María de Ávila y Joan Magrinyà fueron los estudiantes más aventajados de Pàmies. En mayo de 1936, se estrenó en Barcelona la pieza *Jota aragonesa*. Esta coreografía de Magrinyà, interpretada por Marius Montserrat, contaba con música de Pons y figurinismo de Emilio Grau Sala. Dos años más tarde, el 26 de junio de 1938 realizó su propia versión de *La Dolores* de Bretón (MURGA CASTRO 2012: 221). Su fascinación hacia el imaginario de lo aragonés culminaría en el año 1954 con una actuación que tuvo lugar en Zaragoza. Aquí, Magrinyà puso en escena los números *Jota*, *Ballet aragonés* y *Brujas en Trasmoz* junto a Aurora Pons (LLORENS *et al*, 1987: 160).

Magrinyà fue *partenaire* habitual de María de Ávila, figura fundamental para la configuración del ballet en España durante la segunda mitad del siglo XX (ELVIRA ESTEBAN, 2000; RIOJA, 1992). Ambos realizaron numerosos recitales, incluyendo su participación en la *Exaltación del Folklore Aragonés* en 1943. Este programa propagandístico del franquismo, celebrado cada 12 de octubre en el Teatro Principal de Zaragoza desde 1941, estaba dividido en tres partes. Las dos primeras ensalzaban el folclore aragonés, mientras que la última estaba dedicada a la jota. Magrinyà y María de Ávila interpretaron los papeles principales del baile aragonés escenificado *Airadas de Aragón*, en el que se encontraban Isabel Zapata y Santos Fernández en el cuerpo de baile.

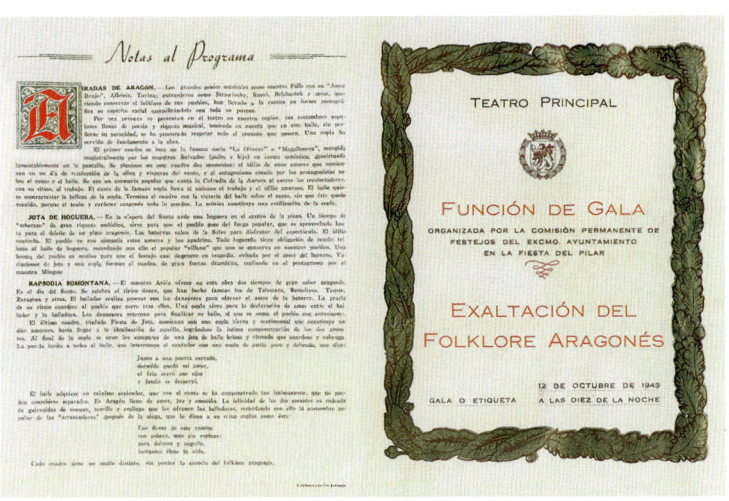

Programa de mano de *Exaltación del folklore aragonés*. 1943.
© Archivo del Teatro Principal de Zaragoza (cortesía).

Podemos apreciar a los cuatro ensayando uno de los punteados de punta y tacón con el característico *port de bras* jotero. La *Fiesta de jota* del tercer acto contaba con la conocida actriz Amparo Rivelles. Este último cuadro culminaba con el himno nacional para ensalzar todavía más, si cabe, la ideología franquista.

El régimen no solo se apropió del símbolo religioso del Pilar, sino también de la jota aragonesa (BRINKMANN, 2004). El franquismo proyectó su ideología en los cuerpos danzantes de los Coros y Danzas de la Sección Femenina que interpretaron numerosos bailes regionales, entre ellos la jota, desde su fundación en 1939 (CASERO, 2000; MARTÍNEZ DEL FRESNO y VEGA PICHACO, 2017). Tras la aparentemente inofensiva actuación de un grupo folclórico aragonés, se escondía una poderosa herramienta de propaganda política del franquismo que relegaba Aragón a la periferia.

Santos Fernández, Isabel Zapata, María de Ávila y Joan Magrinyà ensayando
Airadas de Aragón. 1943. © Archivo del *Heraldo de Aragón*.

Jóvenes pertenecientes a los Coros y Danzas bailando la jota en la provincia de Huesca.
c. 1950. © Archivo Histórico Provincial de Huesca.

Pedro Azorín se convirtió en el máximo representante de la jota aragonesa durante el franquismo. Tras iniciarse en los Coros y Danzas de Huesca, aterrizó en Madrid para hacerse cargo del cuadro de jota de la Casa de Aragón. A partir de entonces, el impacto de este bailarín, coreógrafo y maestro no hizo más que crecer (HERNÁNDEZ, 2022: 80-81). Su participación en la nueva versión de la película *Nobleza Baturra* (1965) marcó el punto álgido de su carrera. Apenas cuatro años más tarde, Antonio Gades interpretó la jota de Azorín para Televisión Española.

Para no extendernos en exceso, tan solo vamos a profundizar en Guillermina Teodosia Martínez Cabrejas, más conocida como *Mariemma*. Esta figura fundamental de la danza española del siglo XX se había formado con Francisco Miralles, un bailarín que desarrolló gran parte de su carrera en Francia y Rusia con miniaturas como *Rondalla de Zaragoza*, *Jota Aragonesa*, *Rondalla Sitio de Zaragoza* y *El aragonés* (RODRÍGUEZ LLORENS, 2015: 236-238).[5] Asimismo, Mariemma señalaba en su tratado de danza española las enseñanzas que recibió de las hermanas Zapata (MARIEMMA, 1997: 86). Mariemma bailó jotas desde muy joven. Con apenas trece años, interpretó esta danza en la puesta en escena del ballet *España* (1930) que llevó a cabo María de Villar en el Théatre des Champs-Élysées. En 1955, Mariemma coreografió su propia versión para la Scala de Milán. Bruno Cassinari se encargó del figurinismo de esta producción. Los hombres portaban calzones, alpargatas y pañuelo, a modo de cachirulo; mientras que la vestimenta de las mujeres incluía saya (LÓPEZ FERNÁNDEZ, 2017: 266-268). Aquí la acción se traslada a un pueblo aragonés, en el cual Pilar es cortejada por un anciano marqués. Esto desata los celos de su novio, retándole para pelear. Finalmente, todo termina arreglándose por medio de la interpretación de una jota (MERA, 2017: 134). Este argumento presenta importantes reminiscencias con la trama de *El sombrero de tres picos*.

5 Agradezco a la doctora Rosario Rodríguez Llorens su amabilidad por facilitarme estos datos.

116

Pedro Azorín interpretando una jota aragonesa. c. 1950.
© Colección familia Azorín (cortesía).

Ese mismo año, se fundó el Mariemma Ballet España. Entre sus múltiples coreografías, nos encontramos con *Aragón (popular)* compuesto por el *Bolero de Caspe* y la *Jota aragonesa* de Azorín. Durante la década de los sesenta, esta compañía estuvo de gira por todo el territorio nacional en el marco de los Festivales de España, una herramienta de gran importancia para la política cultural del régimen (ELVIRA ESTEBAN, 2017: 236-249). No obstante, la jota ya estaba muy presente en el repertorio que interpretaba Mariemma desde hacía décadas en sus giras internacionales, como remarcaba el diario *Novedades* el 22 de abril de 1948 tras su paso por el Palacio de Bellas Artes de la capital mexicana:

> ¡La jota!... ¡Qué jota insuperable la de Antonia Mercé!... ¡Qué jota inolvidable la de Encarnación López! ¡Qué jota tan juvenil y traviesa, himno bailado de Aragón ésta que hace unas cuantas horas nos ha danzado en el solemne escenario del Bellas Artes Mariemma [ ] Valenciana y navarra la jota, no tiene en parte alguna tantas variantes ni tan diversos estilos como en Aragón —de aragonesas visten todas las que la bailan como dios manda—, desde la jota de Utebo y de Alcañiz, y la zaragozana pura, hasta la de Fuentes, la Ansotana, la de Puntales, la de Femetera y la de Cinco Villas, y cien más; [...] La Virgen del Pilar me tenga de su mano, que son tantas las cosas que me está recordando la jota magnífica, que no dormiré en paz esta noche si no las dejo un poco olvidadas en esta cuartilla de periódico.

Podríamos seguir nombrando las jotas de otras muchas figuras clave, cuya carrera estaría marcada en gran medida por el exilio republicano tras la victoria de los sublevados en la Guerra Civil (MURGA CASTRO, 2019). En este contexto, la jota se alzó como una llamada a la libertad para todos aquellos bailarines y coreógrafos, abocados a continuar forzosamente con sus carreras fuera de España. Además de la Argentinita, Boronat también se marchó y no retornaría hasta después de la muerte del dictador. Nada más terminar la contienda, Pepita San Salvador se refugió en París, donde interpretó *El Matraco (jota aragonesa)* en el marco del programa *Jeunesse d´Espagne* celebrado en el parisino Théâtre de la Porte-Saint-Martin entre abril y

Martín Santos Yubero. El Mariemma Ballet de España interpretando una jota aragonesa en el Teatro de la Zarzuela. 1964. © Archivo Regional de la Comunidad de Madrid (cortesía).

mayo de 1939. Tras retornar a su Barcelona natal, continuó su carrera internacional contando en su repertorio con la jota de *La Dolores* que bailó en Lisboa en 1943 (VENDRELL, 2022: 334-337). Al otro lado del Atlántico, los Ballets Españoles de Ana María realizaron numerosas giras por Estados Unidos y Latinoamérica. Antonio Ruiz Soler y Carmen Amaya volvieron progresivamente tras haberse exiliado inicialmente en Argentina, mientras que Laura de Santelmo regresó nada más finalizar la contienda. Más adelante, abordaremos el caso de la Unión Soviética a través de la figura de Gerardo de Viana. Este niño de la guerra, asentado en Riga, difundió ampliamente la jota aragonesa por numerosas de sus repúblicas hasta su regreso a España tras la caída del telón de acero.

George Balanchine y la jota. De San Petersburgo a Nueva York

En esta historia todavía nos quedaba por abordar más en detalle la figura de uno de los coreógrafos más influyentes del siglo XX: George Balanchine. Como ya hemos adelantado, Balanchine bailó su primer papel —cuando todavía era un estudiante— en el ballet *Jota Aragonesa* de Fokin. Durante sus inicios en el teatro Mariinski, además de interpretar *Don Quijote* o *Paquita*, también comenzó a realizar sus primeros experimentos coreográficos de temática hispana (GEORGE KATZ, LASALLE y SIMMONDS, 1983: 60). En 1924, se exilió para huir del realismo socialista que, sin duda, habría coartado su evolución artística. Se unió a los Ballets Russes. El propio Diaghilev se encargó de su formación y le brindó la oportunidad de coreografiar títulos como *Apollo*, *Le Bal* o *El hijo pródigo*, el último ballet de la compañía (GARAFOLA, 1989). Asimismo, el empresario ruso sustituyó su nombre de pila de origen georgiano, Georgi Melitonovich Balanchivadze, por el apelativo artístico de George Balanchine.

Tras la desaparición de los Ballets Russes, Balanchine colaboró con múltiples agrupaciones en París, Londres, Copenhague y sobre todo en Montecarlo. El 5 de mayo de 1932, estrenó su propia versión de la *Jota Aragonesa* de Glinka en el majestuoso Théâtre de Montecarlo

Max Erlanger de Rosen. Retrato del bailarín y coreógrafo George Balanchine.
c. 1925-1930. © Bibliothèque nationale de France.

diseñado por Garnier. Esta pieza se enmarcaba en la producción *Suites de Danse*, compuesta igualmente por los números *Tarantella* y *Valse*. *Jota Aragonesa* fue interpretada por Eleanora Marra, Léon Woizikowsky y otras seis parejas más (GEORGE KATZ, LASALLE y SIMMONDS, 1983: 111-112). Tras abandonar los Ballets Russes de Monte-Carlo por sus desavenencias con Basil (TAPER, 1963: 150), Balanchine fundó Les Ballets 1933 junto a Kochno. Esta efímera compañía, que apenas estuvo unos meses en activo, fue fundamental para que Balanchine pudiese conocer al mecenas estadounidense Lincoln Kirstein, con quien establecería más adelante el New York City Ballet.

Nueva York ya había acogido anteriormente a otros muchos exiliados eslavos, como el bailarín y maestro ucraniano Louis H. Chalif. En el contexto de la fascinación estadounidense por el arte y la cultura hispana —denominada *Spanish Craze* (KAGAN, 2019)—, Chalif incluyó la pieza *Jota Aragonesa* (1915), con música de Cramer, en los numerosos fascículos con danzas de temática española que recopiló y publicó (GARCÍA MARTÍN y STRAUS, 2022: 282). Balanchine por su parte desembarcó en esta ciudad en 1934. Ese mismo año, la School of American Ballet abrió sus puertas. A partir de entonces, el binomio Balanchine-Kirstein produjo diferentes iniciativas que generaron el caldo de cultivo necesario para establecer un ballet propio de Estados Unidos. Tras el American Ballet y el Ballet Caravan —cuyo legado daría lugar al American Ballet Theatre—, vendría el Ballet Society. El éxito del ballet *Orpheus* (1948) fue determinante para que Morton Baum les invitase a convertirse en compañía residente del New York City Center of Music and Drama. Así nació el New York City Ballet, agrupación clave para el desarrollo del ballet neoclásico en la segunda mitad del siglo XX (MURGA CASTRO, 2023: 213-216). Balanchine fue uno de los máximos exponentes de esta renovación iniciada en el seno de los Ballets Russes de Diaghilev. Aquí se fraguó la colaboración entre Balanchine y el compositor Ígor Stravinski, que se prolongaría durante décadas y alcanzaría su punto culminante con el estreno de *Agon* en 1957 (JOSEPH, 2002), un ballet neoclásico de corte sinfónico que la historiografía ha rebautizado como abstracto. Paradójicamente, el trabajo de dos exiliados rusos en Nueva York fue uno de los puntales del repertorio que interpretó el New York City Ballet en su extensa gira del año 1962 por la Unión Soviética. En plena Guerra Fría, Balanchine volvió a su país convertido en un embajador de la diplomacia cultural del enemigo. La danza se convirtió en una herramienta propagandística para la política cultural de ambos bandos, como reflejaron las giras del Bolshoi y el New York City Ballet (SEARCY, 2020). No es baladí que ambas compañías estuviesen bailando en territorio enemigo en plena crisis de los misiles de Cuba.

Otro de los ejes fundamentales del repertorio de Balanchine fueron las versiones que llevó a cabo de los grandes títulos del pasado. Esto le permitió ahondar en ballets de temática hispana, como es el caso de su conocida puesta en escena de *Don Quijote* (1965) con música de Nicolas Nabokov y diseños de Esteban Francés. El propio Balanchine interpretó el rol de Alonso Quijano (HOMANS, 2010: 513). El 23 de noviembre de 1967, Balanchine reestrenó *Jota Aragonesa* en el New York State Theatre. Esta pieza se integró en *Glinkiana*, un programa que también incluía los números *Polka*, *Valse Fantasie* y *Divertimento Brillante*. *Jota Aragonesa* estaba interpretada por Melissa Hayden y un cuerpo de baile de catorce bailarines (GEORGE KATZ, LASALLE y SIMMONDS, 1983: 251). La escenografía y figurinismo de *Glinkiana* corrió a cargo de Francés. Plasmó una arcada roja semicircular con remates dorados, sobre un telón de fondo en tonos fríos, que acotaba considerablemente el espacio escénico. Este artista español en el exilio fue un importante escenógrafo, y colaborador habitual de Balanchine, cuyos diseños oscilaron entre el surrealismo y el realismo (MURGA CASTRO, 2012: 401). En este contexto, la jota adquirió tintes políticos de gran calado en la polarización que supuso la Guerra Fría.

La jota y la Unión Soviética: Gorsky, Chabukiani, Viana y Moiseyev

Es evidente la fascinación que sentían los bailarines y coreógrafos rusos hacia la jota aragonesa (GONZÁLEZ VALLE, 1988), en el marco de las influencias mutuas existentes a nivel coreográfico tanto

Martha Swope. El New York City Ballet ensayando *Divertimento Brillante* del programa *Glinkiana* junto a su coreógrafo, George Balanchine, y los intérpretes Patricia McBride y Edward Villela. 1967. © Billy Rose Theatre Division, The New York Public Library.

en Rusia como en España (MARTÍNEZ DEL FRESNO, 2016). Hasta ahora tan solo hemos visto una cara de la moneda, la visión que ofrece la diáspora del ballet ruso iniciada con Diaghilev y asentada después en Estados Unidos —principalmente en Nueva York— con Fokin, Massine, Fedorova-Fokine, Vilzak y sobre todo Balanchine (GARAFOLA, 1989: 377). Para finalizar este libro, queremos mostrar lo que ocurría al otro lado del telón de acero. Aquí, la notable presencia de artistas, creadores e intelectuales españoles en el exilio convirtió a la Unión Soviética en un enclave fundamental para la construcción de los imaginarios hispanos (CABAÑAS BRAVO, 2019). En este contexto, el baile aragonés jugó un importante papel en las actividades que organizaban el Centro Cultural Español y la Casa de la Cultura de Schkalov en Moscú, donde Vicenta Sacristán, Hipólito Ortega y Mariano Barroso interpretaron la jota aragonesa junto a otras muchas danzas regionales (MURGA CASTRO, 2012: 332-333). Décadas más tarde, el grupo Baluarte Aragonés también difundiría el imaginario de lo aragonés por medio de sus giras soviéticas.

Para llegar a comprender el impacto de la jota en el ballet soviético, tenemos que retrotraernos hasta 1918. Gorsky estrenó *Esbozos españoles* en el teatro de los Jardines del Acuario en Moscú con bailarines del Bolshoi. El argumento de esta obra se centra en la disputa que tiene lugar en una taberna entre un joven y un anciano por el amor de una bella mujer. Desconocemos si Gorsky incluyó la jota en la coreografía, aún así tenemos constancia que fue creado a partir del *Capricho brillante sobre la Jota aragonesa* y *Recuerdos de Castilla* (*Noche de verano en Madrid*) de Glinka (SOURITZ, 1990: 93-94).

El ballet soviético terminó asentandose a través del *drambalet* (EZRAHI, 2012), especialmente desde que el realismo socialista se impuso como el estilo oficial del régimen tras el Congreso de Escritores Soviéticos del año 1934 (STERN, 2019: 356). Este género simbolizaba la ideología estalinista, presente en *La amapola roja*, *La fuente de Bakhchisarai* o *Laurencia*, la adaptación coreográfica de *Fuenteovejuna* (HORMIGÓN, 2003). Vakhtang Chabukiani estrenó este ballet con música de Aleksandr Krein el 22 de marzo de 1939 en el Teatro de la Ópera y Ballet Kirov —el renombrado Mariinski— de Leningrado. En esos momentos, España estaba de moda en la Unión Soviética como consecuencia de la Guerra Civil. Sin embargo, llama la atención que se haya elegido esta obra teatral de Lope de Vega que hablaba de la lucha contra la tiranía. Si tenemos en cuenta la represión que había llevado a cabo Stalin en el marco de la Gran Purga de 1936 a 1938 (CHIGINSKAYA, 2016: 345-347), para que *Laurencia* no fuese censurada, las autoridades soviéticas debieron interpretarla como una alegoría de la Revolución.

Este ballet, ambientado en el pueblo andaluz de Fuente Obejuna, aborda la oposición del comandante Gómez ante la unión de la pareja de campesinos formada por Laurencia y Frondoso, cuyo encarcelamiento enfurece a los aldeanos. En ese instante, Laurencia llama a la insurrección y el malvado comandante acaba siendo asesinado. La partitura de Krein incluía numerosas danzas españolas, entre las cuales figura la jota del segundo acto, un *pas de six* interpretado por la pareja protagonista, Pascuala, Jacinta y los amigos de Frondoso. Aunque todavía no podemos afirmar que sea una jota aragonesa, está claro que *Laurencia* se convirtió en una herramienta propagandística en el resto de las repúblicas soviéticas, como refleja la puesta en escena del año 1941 que realizó Lēmanis en Riga.

Precisamente, ese mismo año en Riga, Marta Alberinga bailó una jota aragonesa junto a Arvīds Ozoliņš en la reposición de *Don Quijote*, llevada a cabo por el propio Lēmanis (BRANCIS, 2002: 101-102).[6] Esta conocida bailarina letona de danza española se había formado con Fedorova-Fokine, para después iniciarse en los bailes de temática hispana de la mano de Beatrise Vīgnere. Alberinga comenzó a interpretar la jota con esta pionera de la danza moderna en Letonia. Más adelante, completaría su formación en París con Escudero,

6 Agradezco a la doctora Edīte Tišheizere su amabilidad por facilitarme esta referencia.

Puesta en escena del ballet *Laurencia* por el Ballet Nacional de Letonia. 1941.
© Rakstniecîbas un mûzikas muzejs, Riga.

Boronat y, especialmente, con Dolores Moreno, conformando así el repertorio de sus abundantes giras por diferentes enclaves soviéticos. Más allá de que Alberto Sánchez se inspirase en la iconografía local para la escultura *La dama del pan de Riga* (1958), fue la danza la que realmente asentó el diálogo cultural entre España y Letonia. Precisamente sería otro español quién difundiría la danza española por toda la Unión Soviética desde Riga.

Nos referimos a Gerardo de Viana, apodado *Vladimiro*. Este niño de la guerra llegó a Leningrado en 1937, procedente de un barco que había zarpado de Santurce. Tras formarse en la escuela del Bolshoi, en la cual también se encontraba la asturiana Violeta González García (MURGA CASTRO, 2019), fue herido en el frente durante la Segunda Guerra Mundial. Su carrera como bailarín profesional quedó truncada. Por tanto, tuvo que dedicarse a la docencia y la coreografía, labores que desempeñó con notable éxito. En 1963, el propio Viana (2007: 167-172) rememoraba años mas tarde el proceso creativo de su primer ballet, *Las fiestas de Zaragoza*, con diseños de Tatiana

El número *Aragón* del ballet *Miniaturas españolas*. 1967.
© Casa de la Danza de Logroño (cortesía).

Gueorguievna Bruni. Sin ni siquiera haber terminado sus estudios superiores, la prestigiosa Academia Vaganova de Leningrado —anteriormente denominada Escuela del Ballet Imperial— le propuso que montara una coreografía para sus estudiantes. El pintoresquismo de esta pieza despertó tal interés en la prensa, que el resto de teatros soviéticos comenzaron a solicitar sus servicios como coreógrafo.

Su gran éxito llegaría el 23 de marzo de 1967 con el estreno de *Miniaturas españolas*. El Kirov puso en escena esta producción conformada por siete cuadros dedicados a las danzas de Andalucía, el País Vasco, Mallorca y Aragón. Este último número estaba protagonizado por una mañuca y un maño, interpretados por Galina Kékisheva e Y. Umríjin. Ambos estaban ataviados con una vestimenta diseñada por Bruni que incluía abundantes elementos de la indumentaria aragonesa como la saya, el mantón, los calzones o los zaragüelles. Podemos apreciar la energía que desprendía esta escena protagonizada por la alegre y divertida jota del Alto Aragón, «la reina de todas las danzas» en palabras de Godlievskaya para el diario *Pravda* (Viana, 2007: 175).

Gerardo de Viana junto a los intérpretes del ballet *Miniaturas españolas* en Ufá. 1975.
© Casa de la Danza de Logroño (cortesía).

Esta obra le consagró como un referente del ballet soviético. *Miniaturas españolas* se reestrenó en Moscú y otros muchos teatros desde Siberia hasta Mongolia, pasando por los Urales. Además, la *prima ballerina* Natalia Dudínskaya interpretó otra coreografía suya de temática aragonesa. El 27 de febrero de 1968, la fantasía con tema aragonés titulada *Jota Aragonesa* se pudo visualizar en la Filarmónica de Leningrado (Viana, 2007: 173).

Para entonces, Viana ya estaba afincado en Riga. Aquí residió durante más de dos décadas. Estuvo trabajando ocho años como profesor de la Escuela Coreográfica de la capital báltica y también coreografió los ballets *El oro de los incas* (1971) y *Gernika* (1990) para el Ballet del Teatro Académico Estatal de Ópera y Ballet de la RSS de Letonia —el renombrado Ballet Nacional de Letonia—. Nos interesa terminar su trayectoria, condecorada en España con la Medalla de Plata al Mérito de las Bellas Artes, con la *Jota Aragonesa* que creó para Tatiana Orlova y Alexandr Bárinov. En enero de 1969, el Ministerio de Cultura soviético organizó un concurso con todas las escuelas de la URSS. Esta jota fue la única pieza de Riga que pasó a la final en el teatro Bolshoi. El público quedó tan maravillado que tuvieron que volver a bailarla ante la atenta mirada de Yuri Grigorovich e Ígor Moiseyev (Viana, 2007: 181-182). No cabe duda que la danza aragonesa fue crucial en la imagen de España que proyectó Viana, tan alejada de los estereotipos del flamenco que él mismo desdeñaba en una de sus últimas entrevistas (Arantzibia, 2006: 8).

Por último, finalizamos este recorrido con la *Jota Aragonesa* de Ígor Moiseyev. Este coreógrafo fundó el primer conjunto de danzas folclóricas de la Unión Soviética en 1937 con un repertorio que adaptaba con brillantez, pintoresquismo y virtuosismo diferentes elementos etnográficos (Murga Castro, 2023: 205). Esta compañía se convirtió en un referente de la diplomacia cultural soviética durante la Guerra Fría desde que en 1958 abrió la veda con una gira por Estados Unidos, que allanaría el camino para que el Bolshoi pudiera hacer lo mismo al año siguiente (Shay, 2019).

Gerardo de Viana en la Escuela Coreográfica de Riga. 1970. **133**
© Rakstniecības un mūzikas muzejs, Riga.

En 1967, después de haber realizado su primera gira por España, Moiseyev coreografió la cuarta versión de la jota de Glinka tras Fokin, Gorsky y Balanchine. Moiseyev y Viana habían coincidido ese mismo año en unos cursos de perfeccionamiento en Moscú, donde el ruso le pidió que les enseñase danzas españolas (Viana, 2007: 173). No sabemos si fue Viana quién le transmitió los pasos de jota o si fue Azorín, como se ha llegado a afirmar. Además, también pudo haber incorporado elementos de una actuación de los Coros y Danzas que presenció en el pabellón de España de la Feria Mundial de Nueva York, como recoge el NO-DO del 12 de julio de 1965.[7] Aunque no se muestra la danza aragonesa, sí aparece un jotero, lo que nos sugiere

7   Agradezco a la doctora M.ª Ángeles Cejador Ambroj su amabilidad por facilitarme estos datos.

Puesta en escena reciente de la *Jota Aragonesa* de Ígor Moiseyev. 2018. Dominio público.

Elaboración propia. Mapa de las principales capitales donde se han interpretado jotas aragonesas a lo largo de los siglos XIX y XX.

que también pudo visualizar este baile. Además, el presidente de la Academia de las Artes del Folclore y la Jota de Aragón, Carmelo Artiaga, afirmaba en una entrevista reciente que Moiseyev mantuvo una estrecha relación con los bailadores Andrés Cester Zapata y Angelita Vidal. Por tanto, podemos deducir que la jota de Moiseyev constituye un crisol de influencias.

Este número se integra en *Danzas de los pueblos del mundo,* una de las producciones más destacadas de sus extensas giras internacionales que incluye el gaucho argentino, el sirtaki griego, la tarantela italiana, el joropo venezolano, además de otros muchos bailes rusos, chinos, coreanos, egipcios, rumanos o vietnamitas (SHAY, 2019: 154-156). Este programa tan cosmopolita ha sido interpretado en Zaragoza en varias ocasiones. La primera visita de la que tenemos constancia tuvo lugar en 1973 en el ya desaparecido Teatro Fleta (GONZÁLEZ VALLE, 1988: 362). En 2019, volvieron a actuar en la capital aragonesa, esta vez en el Auditorio de Zaragoza. En esta ocasión, la compañía se sumó a la candidatura de la Jota como Patrimonio Cultural Inmaterial de la UNESCO, enfatizando así la impronta que ha tenido el baile aragonés en los escenarios internacionales.

Conclusiones

La historia de la jota aragonesa en el ballet ha constituido un camino de ida y vuelta. Esta danza que, desde el espacio público aragonés conquistó los escenarios internacionales de los siglos XIX y XX, ha retornado transformada en un lenguaje coreográfico cosmopolita. Sin embargo, muchos de los espectadores parecen no reconocer esta nueva danza que interpretan los bailarines rusos. No se corresponde con su percepción de la jota, heredada y fomentada en gran medida por el franquismo. Pero entonces, ¿qué es lo que ha sucedido para que un baile que ha traspasado fronteras, proyectándose incluso a ambos lados del telón de acero, ahora no sea reconocido por sus propios paisanos? La respuesta es muy simple. Al igual que un mensaje puede distorsionarse conforme se va transmitiendo entre sus oyentes, en este constante flujo transcultural que ha visto como la jota se expandió desde París hasta San Petersburgo y el resto de las grandes capitales de la danza, se ha ido deteriorando tanto el origen de esta historia —el impacto que supusieron los Sitios de Zaragoza— como su correa de transmisión —su rasmia—, que se ha difuminado la influencia tan importante que ejerció el baile aragonés en el ballet.

En la actualidad, tan solo nos ha llegado un espejismo que, a menudo, constituye una visión caricaturizada de lo que realmente representó esta danza en el pasado. Si bien es cierto que podemos seguir contemplando *Paquita,* la jota final de *El sombrero de tres picos* o la *Jota Aragonesa* de Moiseyev, se ha perdido gran parte de este patrimonio coreográfico. Las jotas de las bailarinas románticas y de los intérpretes de la Edad de Plata, así como los ballets *La Maladetta* y las diferentes

Wilfried Hösl. Paquita (Daria Sukhoriva) e Iñigo (Cyril Pierre) en el ballet *Paquita*. 2014.
© Bayerisches Staatsballett, Múnich (cortesía).

versiones de la *Jota Aragonesa* de Fokin y Balanchine tan solo son algunos ejemplos. En su lugar, nos ha quedado una visión excesivamente reducida. En España, se ha focalizado en el legado de Azorín, presente en la puesta en escena de *Aragón* (2023) por parte del Ballet Nacional de España. Es decir, nos encontramos con el jotero vestido de baturro, una visión de la que ya han renegado bailarines como Miguel Ángel Berna. En el panorama internacional, este imaginario ha quedado diluido entre los estereotipos hispanos, como se aprecia en la versión de *Paquita* estrenada en Múnich en 2014. Aunque Alexei Ratmansky haya reconstruido con gran acierto la coreografía de Petipa a partir de la notación de Sergeyev; el telón de fondo de Jérôme Kaplan ha situado la capital aragonesa a los pies de una montaña, modificando así ciertos aspectos de la realidad en favor de una imagen preconcebida. Más allá de ofrecer respuestas, este libro abre otros muchos interrogantes que serán analizados en futuras investigaciones: ¿Por qué han perdurado unos ballets y no otros? ¿Existe algún tipo de simbolismo en los gestos de todas estas coreografías? ¿Podemos hablar de autenticidad en sus interpretaciones?

No existe una única visión de la jota aragonesa. Quizás haya tantas como coreografías se hayan estrenado a lo largo de la historia. La danza es un arte en continuo movimiento, donde las obras coreográficas siguen evolucionando mientras se sigan bailando. Este es un aspecto fundamental para comprender el modo en el que se han conformado los imaginarios proyectados a través de los cuerpos danzantes de la jota. Cada coreógrafo y director de escena ha añadido su propia visión. Este es el caso de *Don Quijote*, reimaginado en multitud de ocasiones desde Petipa; *Paquita*, cuya versión romántica evolucionó hacia el clasicismo; e incluso *El sombrero de tres picos*, reinterpretado desde la danza clásica, moderna y española.

En definitiva, capa tras capa, las jotas de los diferentes ballets aquí presentados han experimentado una metamorfosis que, paradójicamente, ha incrementado su simbolismo más allá de ejercer de hilo conductor de la imagen de España en el extranjero. Tras el aparentemente inofensivo exotismo de la jota del Romanticismo en Francia, recuperado más adelante en el ballet clásico de Rusia y los albores de la modernidad en Estados Unidos; se ocultaba una poderosa herramienta propagandística para la política cultural del Segundo Imperio francés por medio del imaginario de los Sitios, del Imperio ruso a través de los divertimentos de los ballets promovidos por los zares, así como de la diplomacia blanda estadounidense durante la Guerra Fría; sin olvidarnos tampoco de la proyección ideológica que llevaron a cabo tanto el franquismo como la Unión Soviética mediante los Coros y Danzas y los *drambalets*, respectivamente. Pero, sobre todo, la jota ha perdurado en el tiempo gracias a los valores cosmopolitas que transmiten sus movimientos. Esta danza, gestada en la periferia del continente europeo, se ha convertido en un lenguaje coreográfico transcultural fortalecido con la obra de arte total promovida por Diaghilev. En estos momentos, la jota aragonesa tiene la capacidad de erigirse como una danza global que refleje nuestra sociedad multicultural.

Fuentes y bibliografía

Archivos, bibliotecas y museos consultados

Archivo del *Heraldo de Aragón*, Zaragoza

Archivo del Teatro Principal de Zaragoza

Archivo Histórico Provincial, Huesca

Archivo Manuel de Falla, Granada

Archivo Regional de la Comunidad de Madrid

Bayerisches Staatsballett, Múnich

Biblioteca de Humanidades María Moliner, Universidad de Zaragoza

Biblioteca Nacional de España, Madrid

Bibliothèque nationale de France, París

Biblioteca Tomás Navarro Tomás, CSIC, Madrid

British Newspaper Archive

Casa de la Danza, Logroño

Centre Nnational de la danse, Pantin

Centro de Documentación de Música y Danza, INAEM, Madrid

Colección Enrique Gastón, Zaragoza

Colección familia Azorín

Compañía Nacional de Danza, Madrid

Fundación Juan March, Madrid

Institut del Teatre, Barcelona

Internet Archive

Latvijas Nacionālā bibliotēka, Riga

Latvijas Nacionālais arhīvs, Riga

Latvijas Nacionālā Opera un Balets arhīvs, Riga

Maison de Victor Hugo, París

Rakstniecības un mūzikas muzejs, Riga

Royal Opera House, Londres

The New York Public Library, Nueva York

The Film Poster Gallery

The Phillips Collection, Washington D.C.

Zuzeum, Riga

Hemerografía

España:

El Sol

Heraldo de Aragón

Francia:

Journal Amusant

L'Artiste

La Presse

La Vie parisienne

Le Monde dramatique

Letonia:

Atpūta

México:

Novedades

Reino Unido:

New Court Cazette

The Graphic

The Illustrated London News

The Times

The Weekly Chronicle

Rusia:

Pravda

Bibliografía

ABAD CARLÉS, Ana (2023), «Diaghilev's Ballets Russes in Spain and its Legacy», *Dance Research*, 41 (1), pp. 79-112.

— (2004), *Historia del ballet y de la danza moderna*, Madrid, Alianza.

ACKER, Yolanda (2000), «Los Ballets Russes en España: recepción y guía de sus primeras actuaciones (1916-1918)», en Ivan NOMMICK y Antonio ÁLVAREZ CAÑIBANO (eds.), *Los Ballets Russes de Diaghilev y España*, Granada/Madrid, Archivo Manuel de Falla/Centro de Documentación de Música y Danza, pp. 229-252.

ADAMO, Manuela (2021), «La jota y la taranta. Ritualidad de la música y la danza en la cultura tradicional aragonesa», *Cuadernos de etnología y etnografía de Navarra*, 95, pp. 257-287.

AKINLEYE, Adesola (ed.) (2022), *(Re:) Claiming Ballet*, Bristol, Intellect.

ALBERDI, Ana (2017), «El cuerpo de baile del Teatro Real», en Idoia MURGA CASTRO (ed.), *Poetas del Cuerpo. La danza de la Edad de Plata*, Madrid, Residencia de Estudiantes, pp. 202-215.

ÁLVAREZ CAÑIBANO, Antonio (2020), «Coreografías de *El sombrero*», en Dácil GONZÁLEZ MESA *et al* (eds.), *Un ballet en el balcón de Europa: Repensar El sombrero de tres picos cien años después*, Granada, Archivo Manuel de Falla, pp. 429-464.

ÁLVAREZ JUNCO, José (2001), *Mater Dolorosa. La idea de España en el siglo XIX*, Barcelona, Taurus.

ANADÓN MAMÉS, Roberto y SERRANO OSANZ, Ana Isabel (2021), «Cantos, jota de ronda y trobos panticutos», *Luenga & fablas*, 25, pp. 156-178.

ANDERSON, Jack (1981), *The One and Only: The Ballet Russe de Monte Carlo*, Nueva York, Dance Horizons.

ARANTZIBIA, Iratxe de (2006), «Gerardo Viana», *Danza en escena*, 14, pp. 6-9.

AYMES, Jean-René (1986), *Aragón y los románticos franceses (1830-1860)*, Zaragoza, Guara.

BALINA, Gunta (2018), *Latvijas Baleta un dejas enciklopedija*, Riga, Ulma.

BARREIRO, Javier (2013), *Biografía de la jota aragonesa*, Zaragoza, Mira Editores.

— (2004), *Voces de Aragón. Intérpretes aragoneses de Arte Lírico y Canción Popular*, Zaragoza, Ibercaja.

BEAUMONT, Cyril W. (1937), *Complete Book of Ballets: A Guide to the Principal Ballets of the Nineteenth and Twentieth Centuries*, Londres, Putman.

— (1935), *Michel Fokine and his ballets*, Londres, Dance Books.

BENNAHAUM, Ninotchka D. (2000), *Antonia Mercé «La Argentina». Flamenco and the Spanish Avant Garde*, Middletown, Wesleyan University Press.

BERNAL BERNAL, Sergio (2019), «Goya y la jota: retrato de un binomio aragonés», en José Ignacio CALVO RUATA (ed.), *Goya en la literatura, en la música y en las creaciones audiovisuales*, Zaragoza, Institución «Fernando el Católico», pp. 289-304.

BERNUÉS SANZ, Juan Ignacio (2013), *Resplandores en lo fronterizo: El Alto Aragón como tema en el arte francés a lo largo de un siglo (1820-1920)* [tesis doctoral], Zaragoza, Universidad de Zaragoza.

BITE, Ija (2002), *Latvijas Balets*, Riga, Pētergailis.

BHABHA, Homi K. (1994), *The Location of Culture*, Londres, Routledge.

BOONE, M. Elizabeth y LORENTE LORENTE, Jesús Pedro (1999), «Baturros imaginarios. La visión de Aragón en la pintura decimonónica extranjera», *Pasarela. Artes Plásticas,* 10, pp. 47-56.

BOURNINVILLE, August ([1848] 1979), *My theatre life*, Middletown, Wesleyan University Press.

BRANCIS, Māris (2002), *Kāpt mūzas kalnā. Marta Alberinga*, Riga, Atēna.

BRINKMANN, Sören (2004), «Entre nación y nacionalidad. Las señas de la identidad aragonesa en el siglo XX», *Iberoamericana. América Latina, España, Portugal*, 13, pp. 101-114.

BROOKS, Lynn Matluck (2022), «Danza española en la escena americana temprana: una perspectiva desde Filadelfia», en Idoia MURGA CASTRO *et al* (eds.), *Tras los pasos de la Sílfide. Imaginarios españoles del ballet romántico a la danza moderna*, Madrid, Ministerio de Cultura y Deporte, pp. 233-256.

BUCKLE, Richard (1993), *Diaghilev*, Londres, Orion.

CABAÑAS BRAVO, MIGUEL (2015), *Arte desplazado a los hielos. Los artistas españoles del exilio de 1939 en el país de los sóviets*, Sevilla, Renacimiento.

CANYAMERES, Ferran e IGLESIES, Josep (1971), *La Dansarina Roseta Mauri (1850-1923). Vol I*. Reus, Asociación de Estudios Reusenses.

CARRERAS, Juan José (ed.) (2018), *Historia de la música en España e Hispanoamérica. Volumen 5. La música en España en el siglo XIX*, Madrid, Fondo de Cultura Económica.

CASERO, Estrella (2000), *La España que bailó con Franco: Coros y Danzas de la Sección Femenina*, Madrid, Nuevas Estructuras.

CASTÁN CHOCARRO, Alberto (2016), *Señas de identidad. Pintura y regionalismo en Aragón (1898-1939)*, Zaragoza, Institución «Fernando el Católico».

CASTRO BUENDÍA BUENDÍA, Guillermo (2023), «La jota. Recorrido musical y proyección en el flamenco», *Sinfonía Virtual: Revista de Música Clásica y Reflexión Musical*, 44.

CESTER ZAPATA, Andrés (1986), *La Jota*, Zaragoza, Ayuntamiento de Zaragoza.

CHIGINSKAYA, Maria (2015), «Lope de Vega de puntillas: El estreno del ballet *Laurencia* en Leningrado (1939)», *Anuario Lope de Vega. Texto, literatura, cultura*, 22, pp. 344-354.

CHUJOY, Anatole (1937), *The Symphonic Ballet*, Nueva York, Kamin Publishers.

CID, Francisco Xavier ([1787] 2018), *Tarantismo observado en España, con que se prueba el de la pulla*, Zaragoza, Institución «Fernando el Católico».

COHEN, Selma Jeanne (ed.) (1998), *International Encyclopedia of Dance*, Nueva York, Oxford University Press.

COOPER, Douglas (1968), *Picasso y el Teatro*, Barcelona, Gustavo Gili.

DAVILIER, Jean-Charles (1874), *L´Espagne*, París, Librairie Hachette.

ELVIRA ESTEBAN, Ana Isabel (2017), «Tiempo de Mariemma, tiempo de festivales. La danza y los Festivales de España (1960-1969)», en Rosa RUIZ CELAÁ et al (coords.), *Mariemma y su tiempo*, Madrid, Centro de Documentación de Música y Danza/Conservatorio Superior de Danza de Madrid «María de Ávila», pp. 211-249.

— (2000), *Una aproximación a la danza académica en España: aportaciones artísticas y estéticas de María de Ávila* [tesis doctoral], Madrid, Universidad Autónoma de Madrid.

EZRAHI, Christina (2012), *Swans of the Kremlin: Ballet and Power in Soviet Russia*, Pittsburgh, University of Pittsburg Press.

FIGES, Orlando (2020), *Los europeos: tres vidas y el nacimiento de la cultura cosmopolita*, Barcelona, Taurus.

FEDORCHENKO, Olga (2022), «Famous Russian «Spaniards» of the Romantic Era (1830s-1840s)», en Idoia MURGA CASTRO et al (eds.), *Tras los pasos de la Sílfide. Imaginarios españoles del ballet romántico a la danza moderna*, Madrid, Ministerio de Cultura y Deporte, pp. 257-266.

FOKINE, Mijaíl (1961), *Memoirs of a Ballet Master*, Boston, Little Brown.

FOURCASSIÉ, Jean (1990), *Le romantisme et les Pyrénées*, Tolouse, Esper.

FRANKO, Mark (2020), *The Fascist Turn in the Dance of Serge Lifar*, Nueva York, Oxford University Press.

— (1993), *Dance as Text. Ideologies of the Baroque Body*, Cambridge, Cambridge University Press.

FULLINGTON, Doug (2022), *A source study of two ballets and a divertissement by Marius Petipa* [tesis doctoral], Seattle, University of Washington.

— (2020), «Elementos de danza española en dos producciones de *Paquita*», en Laura HORMIGÓN (ed.), *Marius Petipa en España. Del ballet romántico al clásico*, Madrid, ADE, pp. 105-120.

FUSILLO, Lisa (2020), «Es el ritmo, ¿lo veis? Reflexiones en torno a la coreografía de Massine para El sombrero de tres picos», en Dácil GONZÁLEZ MESA *et al* (eds.), *Un ballet en el balcón de Europa: Repensar El sombrero de tres picos cien años después*, Granada, Archivo Manuel de Falla, pp. 99-112.

GALÁN BERGUA, Demetrio (1966), *El libro de la jota aragonesa*, Zaragoza, Tipolínea.

GARAFOLA, Lynn (2005), *Legacies of Twentieth-Century Dance*, Middletown, Wesleyan University Press.

— (2000), «The choreography of *Le Tricorne*», en Ivan NOMMICK y Antonio ÁLVAREZ CAÑIBANO (eds.), *Los Ballets Russes de Diaghilev y España*, Granada/Madrid, Archivo Manuel de Falla/Centro de Documentación de Música y Danza, pp. 89-96.

— (1995), «A las márgenes del Occidente: el destino transpirenaico de la danza española desde la época del Romanticismo», *Cairon: revista de ciencias de la danza*, 1, pp. 9-21.

— (1989), *Diaghilev's Ballets Russes*, Nueva York, Oxford University Press.

GARCÍA GUATAS, Manuel (2005), «Pintura y música escénica», *Artigrama*, 20, pp. 385-400.

— (1999), «La imagen costumbrista de Aragón», en José Carlos MAINER y José María ENGUITA UTRILLA (eds.), *Localismo, costumbrismo y literatura popular en Aragón*, Zaragoza, Institución «Fernando el Católico». pp. 115-151.

García Márquez, Vicente (1990), *The Ballets Russes: Colonel de Basil´s Ballets Russes de Montecarlo, 1932-1950*, Nueva York, Knopf.

García Martín, Judith Helvia y Straus, Rachel (2022), «La recepción de la danza española durante la *Spanish Craze* (1890-1930) en Nueva York: el curioso caso de Louis Chalif», en Idoia Murga Castro *et al* (eds.), *Tras los pasos de la Sílfide. Imaginarios españoles del ballet romántico a la danza moderna*, Madrid, Ministerio de Cultura y Deporte, pp. 267-292.

García-Portugués, Esther (2019), *Mariano Andreu: (1888-1976): biografía y catálogo razonado: pintura, dibujo, grabado, escultura, papiroflexia, diseños de decorados y vestuario*, Barcelona, Ars Nostrum Edicions.

Gastón Faci, Diego, Gastón Faci, Ana y Gastón Faci, Violeta (2022), «De los Festivales de Goya a la Sociología del ballet: el legado de Enrique Gastón» en Carmen Giménez-Morte *et al* (eds.), *La investigación en Danza. Zaragoza 2022*, Valencia, Mahali, pp. 21-32.

Gautier, Théophile (1926), *A Romantic in Spain*, Nueva York, Knopf.

— (1874), *Histoire du Romantisme*, París, Charpentier.

— (1845), *Voyage en Espagne*, París, Charpentier.

George Katz, Leslie, Lasalle, Nancy y Simmonds, Harvey (dirs.) (1983), *Choreography by Balanchine: A catalogue of works*, Nueva York, Eakins Press.

Goldberg, K. Meira, Bennahum, Ninotchka D. y Heffner Hayes, Michelle (ed.) (2015), *Flamenco on the Global Stage: Historical, Critical and Theoretical Perspectives*, Jefferson, McFarland & Co.

Gómez Cifuentes, Blanca (2019), «Escenarios para el progreso: el ballet *Excelsior* en la Exposición Universal de Barcelona de 1888», *Acotaciones*, 43, pp. 129-155.

González Mesa, Dácil, Martín Moreno, Antonio, Murga Castro, Idoia y Torres Clemente, Elena (eds.) (2020), *Un ballet en el balcón de Europa: Repensar El sombrero de tres picos cien años después*, Granada, Archivo Manuel de Falla.

González Valle, José Vicente (1988), «La jota aragonesa en la música romántica más allá de nuestras fronteras», en Guillermo Fatás Cabeza (ed.), *Aragón en el mundo*, Zaragoza, Caja de Ahorros de la Inmaculada, pp. 353-363.

GOTCHER, Sara Elizabeth (1994), *The Career of Lola Montez in the American Theatre* [tesis doctoral], Baton Rouge, Louisiana State University.

GRUT, Marina (2002), *Royal Swedish Ballet: History from 1592 to 1962*, Estocolmo, Georg Olms Verlag AG.

GUAL, Malén (2022), «Un patio en una casa de Aragón», en Emmanuel GUIGON (ed.), *Picasso y Aragón. Goya-Gargallo-Buñuel*, Teruel, Diputación de Teruel/Museo de Teruel, pp. 12-27.

GUEST, Ivor (2001), *Le Ballet de l'Opéra de Paris*, París, Flammarion.

— (1987), «Théophile Gautier on Spanish Dancing», *Dance Chronicle*, 10, pp. 1-104.

— (1986), *Gautier on Dance*, Londres, Dance Books.

— (1980), *The Romantic Ballet in Paris*, Londres, Dance Books.

— (1956), *Fanny Cerrito: Life of a Romantic Ballerina*, Londres, Dance Books.

GUTSCHE-MILLER, Sarah (2015), *Parisian music-hall ballet*, Rochester, University of Rochester Press.

HERNÁNDEZ, María José (2022), *Nuestra jota. Aragonesa y universal*, Zaragoza, Prensa Diaria Aragonesa.

HOMANS, Jennifer (2010), *Apollo's Angels. A History of Ballet*, Londres, Granta.

HORMIGÓN, Laura (2022), «El ballet en el Teatro Principal de Zaragoza y sus intérpretes (1847-1854)» en Carmen GIMÉNEZ-MORTE *et al* (eds.), *La investigación en Danza. Zaragoza 2022*, Valencia, Mahali, pp. 461-469.

— (2018), «La apasionante fuga de España de Marius Petipa: una cuestión de Estado», *ADE Teatro*, 169, pp. 8-19.

— (2017), *El ballet romántico en el Teatro del Circo de Madrid (1842-1850). Actividad y recepción* [tesis doctoral], Madrid, Universidad Complutense de Madrid.

— (2010), *Marius Petipa en España 1844-1847*, Madrid, Danzarte Ballet.

— (2003), «*Laurencia*: una Fuenteovejuna recuperada», *ADE Teatro*, 98, pp. 202-207.

JARRASSE, Bénédicte (2017), *Les Deux Corps de la danse. Imaginaires et représentations à l'âge romantique*, París, Centre national de la danse.

JESCHKE, Claudia (2012), «Lola Montez and Spanish Dance in the 19th Century», en Susan MANNING y Lucia RUPRECHT (eds.), *New German Dance Studies*, Champaign, University of Illinois Press, pp. 31-44.

— y VETTERMANN, Gabi y HAITZINGER, Nicole (2009), *Les Choses Espagnoles: Research into the Hispanomania of 19th Century Dance*, Múnich, Epodium.

JOSEPH, Charles M. (2002), *Stravinsky and Balanchine: a journey of invention*, New Haven, University of Yale Press.

JUBERÍAS GRACIA, Guillermo (2022), «Bailarinas como eternas majas: el imaginario goyesco y los trasvases entre danza, pintura y cuadros vivos», en Idoia MURGA CASTRO et al (eds.), *Tras los pasos de la Sílfide. Imaginarios españoles del ballet romántico a la danza moderna*, Madrid, Ministerio de Cultura y Deporte, pp. 367-384.

— y ZAVALA, C. (2023), «Iconografía de la jota aragonesa en la pintura de género (ca. 1875-ca. 1939)», *Artseduca*, 35, pp. 201-215.

JÜRGENSEN, Knud Arne (1987), *The Bournonville Ballets. A photographic record. 1844-1933*, Londres, Dance Books.

KAGAN, Richard L. (2019), *The Spanish Craze. America´s Fascination with the Hispanic World, 1779-1939*, Lincoln, University of Nebraska Press.

KITAHARA, Mariko (2021), *Mikhail Fokine (1880-1942). Une figure instable dans l´histoire, l'historiographie et dans l´heritage du ballet du XXe siécle* [tesis doctoral], París, Univérsité Paris 8-Vincennes-Saint-Denis.

KHITROVA, Daria (2014), «"This Is No Longer Dance": Media Boundaries and the Politics of Choreography in The Steel Step», *Critical Inquiry*, 40, pp. 134-149.

LARREA, Arcadio de (1947), «Preliminares al estudio de la jota aragonesa», *Anuario musical: Revista de musicología del CSIC*, 2, pp. 175-190.

LAUNAY, Isabelle (2019), *Poétiques et politques des répertoires – Les danses d´après*, París, Centre national de la danse.

LAZZARINI, John y LAZZARINI, Roberta (1980), *Pavlova*, Londres, Collier Macmillan Publishers.

LEUCCI, Tiziana (2022), «Théophile Gautier´s Romanticism, Orientalism and Exoticism: the «Craze» for Spanish and Indian Dances in Paris in the

1830s and 1840s», en Idoia Murga Castro *et al* (eds.), *Tras los pasos de la Sílfide. Imaginarios españoles del ballet romántico a la danza moderna*, Madrid, Ministerio de Cultura y Deporte, pp. 29-56.

Lepecki, André (2010), «The Body as Archive: Will to Re-Enact and the Afterlives of Dances», *Dance Research Journal,* 42, pp. 28-48.

Llano, Samuel (2012), *Whose Spain? Negotiating Spanish Music in Paris. 1908-1929*, Nueva York, Oxford University Press.

Llorens, Pilar, Aviñoa, Xosé, Rubio, Isidre y Vidal, Anna (1987), *Historia de la Danza en Cataluña*, Barcelona, La Caixa.

Lomba Serrano, Concha (2019), *Bajo el eclipse. Pintoras en España, 1880-1939*, Madrid, Consejo Superior de Investigaciones Científicas.

López Arnaiz, Irene (2022), «Derivas espirituales y orientalistas de la danza en España. Los inicios de Tórtola Valencia en Madrid», en Idoia Murga Castro *et al* (eds.), *Tras los pasos de la Sílfide. Imaginarios españoles del ballet romántico a la danza moderna*, Madrid, Ministerio de Cultura y Deporte, pp. 141-162.

López Fernández, Raquel (2017), «Imaginarios de una compañía de danza española: la puesta en escena del Mariemma Ballet de España a través de su escenografía», en Rosa Ruiz Celaá *et al* (coords.), *Mariemma y su tiempo*, Madrid, Centro de Documentación de Música y Danza/Conservatorio Superior de Danza de Madrid «María de Ávila», pp. 251-284.

Lorente Lorente, Jesús Pedro (2009a) «Zaragoza como tema pictórico, 1908-2008», en Manuel García Guatas *et al* (coords.), *La ciudad de Zaragoza de 1908 a 2008*, Zaragoza, Institución «Fernando el Católico», pp. 169-190.

— (2009b), *Zaragoza vista por los artistas, 1808-2008*, Zaragoza, Fundación Zaragoza 2008.

— (2008), «Zaragoza como motivo de inspiración para los pintores, 1877-2008», *AACA Digital*, 5.

— (2005), *Historia de la crítica del arte. Textos escogidos y comentados*, Zaragoza, Prensas Universitarias de Zaragoza.

Mainer, José Carlos (1975), *La Edad de Plata (1902-1939). Ensayo de interpretación de un proceso cultural*, Madrid, Cátedra.

Maneros, Fernando (2001), *Estampas de indumentaria aragonesa de los siglos xviii y xix*, Zaragoza, Rolde de Estudios Aragoneses.

— (1995), «Sombreros y tocados en la indumentaria masculina aragonesa», *Temas de Antropología Aragonesa*, 5, pp. 103-156.

Massine, Léonide (1968), *My life in ballet*, Londres, Macmillan.

Mariemma (1997), *Mis caminos a través de la danza*, Madrid, SGAE.

Martínez del Fresno, Beatriz (2016), «El alma rusa en el imaginario español de la Edad de Plata: resonancias musicales y coreográficas (1914-1923)», *Cuadernos de Historia Contemporánea*, 38, pp. 31-56.

— (2011), «Intercambios culturales en Francia y España a través de la danza: identidad, recepción y circulación en los siglos xviii y xix», en Beatriz Martínez del Fresno (ed.), *Coreografiar la historia europea: cuerpo, política, identidad y género en la danza*, Oviedo, Universidad de Oviedo, pp. 139-171.

— (2007), «El *Quijote* en el ballet europeo de los siglos xviii y xix: de Fuselier a Gorsky», en Begoña Lolo Herranz (ed.), *Cervantes y el Quijote en la música*, Madrid, Centro de Estudios Cervantinos, pp. 627-664.

— y Vega Pichaco, Belén (eds.) (2017), *Dance, Ideology and Power in Francoist Spain (1938-1968)*, Turnhout, Brepols Publishers.

— y Menéndez Sánchez, Nuria (2000), «Una visión de conjunto sobre la escena coreográfica madrileña (1915-1925) y algunas observaciones acerca de la influencia rusa en el desarrollo del *ballet* español», en Ivan Nommick y Antonio Álvarez Cañibano (eds.), *Los Ballets Russes de Diaghilev y España*, Granada/Madrid, Archivo Manuel de Falla/ Centro de Documentación de Música y Danza, pp. 149-213.

Matamoros Ocaña, Elna (2008), *Augusto Bournonville: Historia y estilo*, Madrid, Akal.

Meisner, Nadine (2019), *Marius Petipa: The Emperor´s Ballet Master*, Nueva York, Oxford University Press.

Mendes, Jane Catulle (1911), *España. Ballet en un acte*, París, Albert Messein.

Mera, Guadalupe (2017), «Mariemma. El triunfo de la danza española en Italia (1951-1955)», en Rosa Ruiz Celaá *et al* (coords.), *Mariemma y su tiempo*, Madrid, Centro de Documentación de Música y Danza/Conservatorio Superior de Danza de Madrid «María de Ávila», pp. 115-145.

Mera, Guadalupe (2011), «Los ilustrados y la danza a principios del siglo XIX. Polémicas sobre la construcción de una identidad nacional frente al modelo francés», en Beatriz Martínez del Fresno (ed.), *Coreografiar la historia europea: cuerpo, política, identidad y género en la danza*, Oviedo, Universidad de Oviedo, pp. 173-197.

Molins, Patricia y Romero, Pedro G. (eds.) (2008), *La noche española: flamenco, vanguardia y cultura popular*, Madrid, Museo Nacional Centro de Arte Reina Sofía.

Money, Keith (1982), *Anna Pavlova: Her life and art*, Nueva York, Knopf.

Morel-Borotra, Natalie (2016), «Marius Petipa «second danseur» au Grand-Théâtre de Bordeaux», *Slavica Occitania*, 43, pp. 93-112.

Morrison, Simon (2016), *Bolshoi Confidential: secrets of the Russian ballet from the rule of the tsars to today*, Nueva York, Harper Collins.

Murga Castro, Idoia (2023), *La danza. Cuerpos en movimiento a través de la historia*, Madrid, Cátedra.

— (2019), «La danza superviviente. Breve cartografía bailada en el exilio», en Manuel Aznar Soler e Idoia Murga Castro (eds), *1939. Exilio republicano español*, Madrid, Ministerio de Justicia, pp. 501-506.

— (2017), *Escenografía de la danza en la Edad de Plata (1916-1936)* [2ª ed. corr. y aum.], Madrid, Consejo Superior de Investigaciones Científicas.

— (2016), «Hacia un ballet nacional. La política dancística de la Segunda República», en Idoia Murga Castro y José María López Sánchez (eds.), *Política cultural de la Segunda República Española*, Madrid, Editorial Pablo Iglesias, pp. 123-145.

— (2014), «Encarnación López La Argentinita, la bailarina del exilio (1936-1945)», en María Francisca Vilches de Frutos *et al* (eds.), *Género y exilio teatral republicano: Entre la tradición y la vanguardia*, Amsterdam/Nueva York, Rodolpi, pp. 181-193.

— (2012), *Pintura en danza: los artistas españoles y el ballet (1916-1962)*, Madrid, Consejo Superior de Investigaciones Científicas.

— y Coello Hernández, Alejandro (eds.) (2023), *Los Ballets Espagnols de Antonia Mercé, la Argentina*, Madrid, Fundamentos.

Nocilli, Cecilia (2011), *Coreografare l'identità. La danza alla corte aragonese di Napoli (1442-1502)*, Turín, UTET Università.

Nommick, Yvan y Álvarez Cañibano, Antonio (eds.) (2000), *Los Ballets Russes de Diaghilev y España,* Granada/Madrid, Archivo Manuel de Falla/Centro de Documentación de Música y Danza.

Nye, Joseph (2005), *Soft Power: The Means To Success in World Politics*, Nueva York, Public Affairs.

Ortiz-Osés, Andrés (1992), *La identidad cultural aragonesa*, Zaragoza, Centro de Estudios Bajoaragoneses.

Plaza Orellana, Rocío (2013), *Los bailes españoles en Europa. El espectáculo de los bailes de España en el siglo XIX*, Córdoba, Almuzara.

— (2005), *Bailes de Andalucía en Londres y París,* Jerez de la Frontera, Arambel Editores.

Preciado-Azanza, Gonzalo (2023a), «Aragón en el ballet. 170 años de un idilio (casi) olvidado», *Rolde. Revista de Cultura Aragonesa*, 184, pp. 16-25.

— (2023b), «La imagen de Aragón en el ballet *Paquita* (1846). Las litografías recopiladas en *Galerie Dramatique: Costumes des Théâtres de Paris*», en Pablo C. Anía *et al* (eds.), *V Jornadas de Investigadores predoctorales. La Historia del Arte desde Aragón*, Zaragoza, Prensas de la Universidad de Zaragoza, pp. 169-182.

— (2023c), «Ansó imaginado en la ópera *La jota* (1911)», *Temas de antropología aragonesa*, 29, pp. 295-323.

— (2023d), «Recuperar el ballet *Jota Aragonesa* (1930) de Mijaíl Fokin a través de la colección fotográfica del Rakstniecības un Mūzikas Muzejs en Riga», en José Antonio Hernández Latas (ed.), *IV Jornadas sobre Investigación en Historia de la Fotografía. 1838-1939: Un siglo de fotografía*, Zaragoza, Institución «Fernando el Católico», pp. 285-295.

— (2022a), «Recuperar *Saragossa*, el olvidado solo de Fanny Elssler: una mirada a través de la prensa londinense (1843-1844)», en Carmen Giménez-Morte *et al* (eds.), *La investigación en Danza. Zaragoza 2022*, Valencia, Mahali, pp. 47-52.

— (2022b), «*Don Quijote* (1931): el asentamiento del imaginario de «lo español» en el Ballet Nacional de Letonia», en Idoia Murga Castro *et al* (eds.), *Tras los pasos de la Sílfide. Imaginarios españoles del ballet romántico a la danza moderna*, Madrid, Ministerio de Cultura y Deporte, pp. 301-320.

Pritchard, Jane (2011), *Los Ballets Rusos de Diaghilev 1909/1929: cuando el arte baila con la música*, Barcelona/Madrid, Fundación «La Caixa» / Turner.

Ribera y Tarragó, Julián (1928), *La música de la jota aragonesa. Ensayo histórico*, Madrid, Instituto de Valencia de Don Juan.

Rincón García, Wilfredo (ed.) (2009), *Los Sitios de Zaragoza*, Zaragoza, Fundación Zaragoza 2008.

— (1990), *Guía de Zaragoza*, Madrid, El País Aguilar.

Rioja, Ana (1992), *María de Ávila,* Zaragoza, Gobierno de Aragón.

Rodríguez Llorens, Rosario (2015), *Francisco Miralles: Pasos de baile para una leyenda,* Valencia, L´Eixam Edicions.

Rosal Nadales, Francisco José (2017), *Hasta morir o vencer: La Guerra de la Independencia en la zarzuela (1847-1964)* [tesis doctoral], Madrid, UNED.

Roslavleva, Natalia (1966), *Era of Russian ballet*, Londres, Victor Gollancz.

Schneider, Marius ([1948] 2016), *La danza de espadas y la tarantela. Ensayo musicológico, etnográfico y arqueológico sobre los ritos medicinales*, Zaragoza, Institución «Fernando el Católico».

Searcy, Anne (2020), *Ballet in the Cold War: a Soviet-American exchange*, Nueva York, Oxford University Press.

Seymour, Bruce (1996), *Lola Montez. A Life*, New Haven, Yale University Press.

Shay, Anthony (2019), *The Igor Moiseyev Dance Company: Dancing Diplomats*, Bristol/Chicago, Intellect.

Solsona, Evaristo, Melero, José Luis y Rubio, Jesús (2008), *La jota, ayer y hoy,* vol. 3. *La ronda y el baile*, Zaragoza, Prames.

Souritz, Elizabeth (2016), «Le *Don Quichotte* de Marius Petipa», *Slavica Occitania*, 43, pp. 203-211.

— (1990), *Soviet Choreographers in the 1920s*, Durham, Duke University Press.

Spoelberch de Lovenjoul, Charles de (1894), *Les Lundis d´un chercheur*, París, Calmann-Lévy.

Štāls, Georgs (1943), *Latviešu Balets*, Riga, J. Kadila apgāds.

Stepánova, Tetyana (2018), *El ballet prerromántico en Madrid (1787-1833)* [tesis doctoral], Madrid, Universidad Complutense de Madrid.

Stern, Elizabeth Hannah (2019), *Politics in Pointe Shoes: The Genesis and Afterlives of Stalinist Drambalet* [tesis doctoral], Princeton, Princeton University.

Steingress, Gerhard (2006), *…Y Carmen se fue a París: un estudio sobre la construcción artística del género flamenco (1833-1865)*, Córdoba, Almuzara.

— (2004), «La apropiación de lo extraño. El género andaluz y la escuela de baile agitanado en el París del Romanticismo (1833-1865)», *Cairón: revista de ciencias de la danza*, 8, pp. 101-134.

Taper, Bernard (1963), *Balanchine: A Biography*, Londres, Macmillan.

Th. V. (1838), «Revue Musicale», en *Le Monde Dramatique. Tome VI*, París, Monde Dramatique, pp. 247-249.

Torralba, Federico (1953), «El ballet en América», *Revista de Estudios Americanos*, 19, pp. 449-468.

Turmo Moreno, Inés (2022), «Más allá de la danza escénica. Un contexto social de los bailes de máscaras en Aragón durante la primera mitad del siglo XIX», en Idoia Murga Castro et al (eds.), *Tras los pasos de la Sílfide. Imaginarios españoles del ballet romántico a la danza moderna*, Madrid, Ministerio de Cultura y Deporte, pp. 77-86.

Vaillat, Léandre (1947), *Ballets de l'Opéra de Paris*, París, Compagnie française des Arts graphiques.

Vanaga, Anita (2014), «Scenic Design», en Eduards Klavinš, *Art History of Latvia V: 1915-1940*, Riga, Neputns, pp. 341–398.

Vendrell, Esther (2022), «(Re)construir la historia. Mujeres invisibles II: Pepita Sansalvador, bailarina y trabajadora de la danza, entre dictaduras», en Carmen Giménez-Morte et al (eds.), *La investigación en Danza. Zaragoza 2022*, Valencia, Mahali, pp. 331-342.

Vela, Marta (2022), *La jota, aragonesa y cosmopolita. De San Petersburgo a Nueva York*, Zaragoza, Pregunta Ediciones.

Viana, Gerardo de (2007), *¡De Carranza a Siberia y más allá!*, Karrantza, Ayuntamiento de Karrantza.

Vitucci, Matteo y Goya, Carola (2003), *The Language of Spanish Dance: A Dictionary and Reference Manual*, Princeton, Princeton Book Company.

Wiley, Roland John (1976), «Dances from Russia, An Introduction to the Sergeyev collection», *Harvard Library Bulletin*, 24, pp. 94-112.

Wilson-Bareau, Juliet (2003), «Manet and Spain», en Gary Tinterow y Geneviève Lacambre (eds.), *Manet/Velázquez. The French taste for Spanish painting*, New Haven, Yale University Press, pp. 203-259.

Zapater, Alfonso (1988), *Historia de la jota aragonesa*, Zaragoza, Ediciones Aguaviva.

Videografía

Artiaga, Carmelo (2019), «Jota aragonesa con un toque ruso», *Aragón en abierto*, Aragón TV, 5 de diciembre.

Dancer (1984), producido por Derek Bailey y Julia Matheson, 192 mins, Londres, BBC [Video: VHS].

NO-DO (1965), «Triunfo de los conjuntos de Coros y Danza», 1175 A, *NO-DO*, 12 de julio.

Paquita (2014), dirigido por Christopher Koch y Susanne Ullmann, 117 mins, Múnich, The Linde Group [Video: DVD].

Picasso and Dance (2005), dirigido por Didier Baussy-Oulianoff, 81 mins, West Long Beach, Kultur International Films [Video: DVD].

Raymonda (2011), dirigido por Lorena Sardi, 145 mins, Roma, RAI [Video: DVD].

Índice onomástico y toponímico

A

M

Este libro se terminó de imprimir en otoño
de 2023, 154 años después
de que Marius Petipa estrenase la jota
del ballet *Don Quijote* en Moscú.
Emma Kauldhar. Mathew Ball,
bailarín principal del Royal Ballet,
interpretando la producción de *Don Quijote*
de Carlos Acosta. 2023.
© Royal Opera House (cortesía).

PUBLICACIONES
DE ROLDE DE ESTUDIOS ARAGONESES
TÍTULOS EDITADOS 2017-2023

Cuadernos de Cultura Aragonesa

75. *Breve historia de la jota aragonesa en el ballet.*
Gonzalo Preciado-Azanza.

Val de Bernera

15. *El confín del Matarraña. Fayón mágico y legendario.*
Alberto Serrano.

16. *La pequeñez de los días. Treinta entrevistas a treinta docentes aragoneses.*
Víctor Juan.

17. *El país de los aragoneses.*
Varios autores.

Salvachinas

20. *Viella Zaragoza. La ciudad y su memoria.*
Miguel Martínez Tomey.

21. *Una ciudad en la crisálida. Espacios de cultura, espacios de acción (Zaragoza, 1969-1979).*
Carlos Serrano.

22. *Magos aragoneses del siglo XX.*
Pepín Banzo, Pepe Fernández.

23. *Cadenzias (Ánchel Conte).*
Varios autores.

24. *¡Qué buen sentir! Mosica e mosicos de por astí.*
Ángel Vergara, Mila Dolz.

25. *Ixo Rai! ¡Bendita fue la hora!*
Alfonso Urben Gracia.

26. *El secreto de las pajaritas.*
Víctor Juan.

Archivo de aragonesismo contemporáneo

Ríos de tinta por Aragón, discursos por un país.
La revista El Ebro (1917-1936). Carlos Serrano.

Petarruego

7. *Diccionario de voces aragonesas de María Josefa Massanés Dalmau.*
Una curiosidad lexicográfica del siglo XIX.
Edición y estudio de María Pilar Benítez y Óscar Latas.

CEDDAR

19. *Las Escuelas Familiares Agrarias: pedagogía del desarrollo rural. 50 años en Aragón.*
Rafael Sánchez Sánchez.

Los sueños

7. *Viajes a Ultima Thule. José Antonio Labordeta en Suecia.*
Mats Lundahl.

8. *Mujeres soñadas.*
Rafael Navarro, Antón Castro.

9. *Tú eres antes que todo. Correspondencia de Ramón Acín y Conchita Monrás.*
Víctor Juan.

10. *Las palabras olvidadas. Antología incompleta de literatura escrita por mujeres (hasta el siglo XV).* Mariano Lasheras.

Aragòn Contemporáneo

6. *Las vidas de un republicano. Sebastián Banzo y su entorno (1883-1956).*
Héctor Vicente.

Aragón recursos educativos

1-2. *Historia y Cultura de Aragón.*
Varios autores.

3. *Ejercicios de iniciación a la lengua aragonesa.*
Alberto Gracia.

Documentos de trabajo

7. *Impresos y formularios en aragonés ta particulars, interpresas y conzellos.*
Varios autores.

Guías de lectura

3. *Ánchel Ramírez. Guía de lectura.*
Chulia Ara.

4. *Chuana Coscujuela. Guía de lectura.*
Chulia Ara.

5. *Chesus Aranda. Guía de lectura.*
Chusé Antón Santamaría.

6. *Rosario Ustáriz. Guía de lectura.*
   Chusé Antón Santamaría.
7. *Masimo Palacios. Guía de lectura.*
   Chulia Ara.
8. *Nieus Luzía Dueso. Guía de lectura.*
   Chusé Antón Santamaría.
9. *Natividad Castán. Guía de lectura.*
   Chulia Ara.
10. *Ana Abarca de Bolea. Guía de lectura.*
    Chusé Antón Santamaría.
11. *Isabel de Rodas. Guía de lectura.*
    Chulia Ara.
12. *Luis Pérez Gella. Guía de lectura.*
    Chusé Antón Santamaría.
13. *Lexicografía d'a luenga aragonesa. Guía de lectura.*
    Chulia Ara.

Publicaciones periódicas

Rolde. Revista de Cultura Aragonesa.
Ager, Revista de Estudios sobre Despoblación y Desarrollo Rural.
http://ruralager.org
Catálogo completo en: http://www.roldedeestudiosaragoneses.org